Buch

Wie werde ich Heribert Faßbender? Der Schritt in die begehrte Sprecherkabine ist schnell getan: Gsella, Lenz und Roth haben zu diesem Zweck 1750 der wichtigsten Wörter und Wendungen aus der Fußballsprache in diesem weltweit ersten umfassenden Standardwerk versammelt.
Und es braucht gar nicht viel: Die Strukturwörter, eine kleine Gruppe von etwa 130 Vokabeln, machen rund ein Zwanzigstel jedes Normalberichts mittlerer Schwierigkeit aus. Der Grundwortschatz dagegen umfaßt schon etwa 650 Wendungen. Mit seiner Hilfe kann man das Spielgeschehen zu etwa 85 Prozent erfassen und kommentieren. Der Aufbauwortschatz schließlich umfaßt weitere 1100 Idiome. Wer wie Heribert Faßbender am Ende diesen Grund- und Aufbauwortschatz aktiv beherrscht, ist in der Lage, 95 bis 97 Prozent aller Spielzüge zu verstehen und dem Radiohörer oder Fernsehzuschauer angemessen zu vermitteln. Und der erste Satz ist sowieso immer derselbe: »Guten Abend allerseits« (vgl. Grundwortschatz ›G‹).

»Dieses Buch ist wirklich eine große Hilfe!«
Butros Butros Ghali

Autoren

Thomas Gsella, geb. 1958 in Essen-Steele, arbeitet als Redakteur für das Satire-Magazin Titanic und schreibt an seinem ersten Erzählungsband »Jehovas schönste Zeugin«.
Heribert Lenz, geb. 1958 in Schweinfurt, gehört seit 1988 der Titanic-Redaktion an und ist Autor zahlreicher Bücher, u. a. so großer Titel wie »Ein Bier geht um die Welt« (zus. mit Achim Greser und Hans Zippert).
Jürgen Roth, geb. 1968 in Bad Berleburg, schreibt für Zeitungen, Zeitschriften und den Hörfunk. Außerdem zeichnet er für das fußballtheoretische Grundlagenwerk »Der Ball ist eine Totalität« verantwortlich.

**Grund- und Aufbauwortschatz
Fußballreportage**

So werde ich
Heribert Faßbender

gesammelt und herausgegeben
von Jürgen Roth
und Thomas Gsella

mit Zeichnungen von Heribert Lenz

GOLDMANN VERLAG

Umwelthinweis:
Alle bedruckten Materialien dieses Taschenbuches
sind chlorfrei und umweltschonend.

Der Goldmann Verlag
ist ein Unternehmen der Verlagsgruppe Bertelsmann

Genehmigte Taschenbuchausgabe Mai 1996
Copyright © 1995 by Klartext Verlag, Essen
Umschlaggestaltung: Design Team München
Druck: Presse-Druck Augsburg
Verlagsnummer: 43497
T.T. · Herstellung: Sebastian Strohmaier
Made in Germany
ISBN 3-442-43497-1

1 3 5 7 9 10 8 6 4 2

Inhalt

Vorwort / Gebrauchsanweisung 7

Die Strukturwörter der Fußballreportage 11

Der Grundwortschatz 14

Der Aufbauwortschatz 38
   1. Quantität 38
      a) Zahlen
      b) Mengenangaben
   2. Handel, Banken und Versicherungen 40
   3. Essen, Trinken, Wohnen 41
   4. Polizei und Gefängnis 43
   5. Theater, Funk und Fernsehen 44
   6. Mode, Kleidung, Schmuck 46
   7. Jagd 48
   8. Freundschaft und Beziehung 49
   9. Auto, Motor, Sport 50
  10. Ackerbau und Viehzucht 52
  11. Umzug, Reisen, Verkehr 53
  12. Raum 54
  13. Mensch und Körper 56
  14. Fehler und Laster 56
  15. Schicksal, Himmel, Luft und Weltall 57
  16. Sozialkunde 58
  17. Unfall, Krankheit, Tod 59
  18. Kunst, Musik und Wissenschaft 60
  19. Genetik 62
  20. Philosophie 63

21. Elektronik und Strom	65
22. Gefühle, Seelenzustände, Wollen und Absicht	66
23. Rechtsprechung	68
24. Zeit	68
25. Religion und Diözese	69
26. Ordnung und Hygiene	70
27. Erd- und Heimatkunde	71
28. Nautik	71
29. Ruhestörung	73
30. Arbeit, Freizeit, Ausbildung, Familie	73
31. Eisenbahn	74
32. Bierdeckel	76
33. Gerechtigkeit	76
34. Vermischtes	76

Register 87

Raum für eigene Notizen 93

Die Autoren 96

Vorwort / Gebrauchsanweisung

Ein **Grund- und Aufbauwortschatz Fußballreportage. So werde ich Heribert Faßbender** mit 1750 der wichtigsten Wörter und Wendungen – warum jetzt? Und warum überhaupt?

Nun, warum denn nicht? Und zweitens: Viele Menschen sind auf der Suche nach einer Arbeit, die ihren Interessen und Wünschen entspricht. Und da kommt dieses Büchlein gerade richtig. Möge es dazu beitragen, ein Wissens- und womöglich ja Berufsfeld zu erschließen, das Profession und Leidenschaft wie wohl kein zweites zu verbinden weiß: die Tätigkeit des Fußballreporters.

Es ist eine **selige** Tätigkeit. Zu einhundert Prozent setzt sie sich aus Verrichtungen zusammen, die für Millionen anderer den mentalen Höhepunkt der arbeitsfreien Tage bilden: dem Marsch ins Stadion, dem Angucken des Spieles, dem Kommentar zum Geschehen. Für all das zahlt der kleine Mann viel Geld. Anders der Reporter: Er macht dieselbe Arbeit – und kriegt Geld.

Und ins **Fernsehen** kommt er auch noch.

Vor seinen Lohn aber haben die Götter den Fleiß gesetzt. Der allgemeine Wortschatz der Fußballreportage besteht aus mehreren tausend Idioms, den sog. **Kommentaren;** der gebräuchliche aus immerhin rund 650. Nicht einmal Spitzenkräfte wie Faßbender, Reif und Rubenbauer beherrschen sie aus dem Effeff, und es ist selbstverständlich, daß kein Ungeübter diesen Reichtum je bewältigen kann. Zum Glück entscheidet über Scheitern und Gelingen eines Spielberichtes nicht allein die Fülle der verwandten Kommentare, sondern mehr noch deren **situationsgemäßer Einsatz.** Wer einen gewöhnlichen, ganz und gar unbedrängten Torabschlag mit den Worten schmückt: „Von hinten in die Beine, klarer Fall, Freistoß", der mag das Vokabular beherrschen – ins Fernsehen kommt er nicht.

Man hat die Praxis der Fußballreportage untersucht und dabei folgendes herausgefunden: Die **Strukturwörter**, eine kleine Gruppe von etwa 130 Vokabeln, machen rund ein Zwanzigstel jedes Normalberichts mittlerer Schwierigkeit aus; die zehn häufigsten dieser

Wörter aber schon 10 Prozent. Diese Wörter (Ecke, Ball, Einwurf, Torabschlag, Foul u.a.) kennt jeder, der sich ein bißchen mit dem Fußball beschäftigt oder ihn selbst schon einmal gespielt hat. Wer aber nur sie kennt, kann freilich nichts damit anfangen.

Der **Grundwortschatz** umfaßt dagegen schon etwa 650 Wendungen. Mit seiner Hilfe kann man ein normales, nicht allzu sehr aus dem Ruder laufendes Spielgeschehen zu etwa 85 Prozent erfassen und kommentieren. Der **Aufbauwortschatz** umfaßt weitere 1.100 Idioms. Wer Grund- und Aufbauwortschatz aktiv beherrscht, ist in der Lage, 95 bis 97 Prozent aller Spielzüge und Vorkommnisse zu verstehen und an den Fernsehzuschauer weiterzuleiten. Aus diesem Grunde schien es nicht sinnvoll, den hier versammelten rund 1750 Wendungen noch mehrere tausend hinzuzufügen: Deren Beherrschung würde zu einem Kompetenzgewinn von lediglich 5 Prozent führen (siehe Kasten).

Wortschatz	Erfaßtes Spielgeschehen
650 Wendungen (Grundwortschatz)	85 Prozent
1.100 Wendungen (Aufbauwortschatz)	10 – 12 Prozent
5.000 Wendungen	3 – 5 Prozent

Wer also den hier dargebotenen Grund- und Aufbauwortschatz beherrscht, ist ein sehr guter Fußballreporter. Wie aber gelangt man zur Beherrschung des riesigen Vokabulars? Jeder Spieler weiß, daß Höchstleistungen nur durch **ständiges Training** erreicht werden. Dies gilt auch für das Erlernen der Spielberichterstattung. Unser menschliches Gedächtnis ist ein Wunderwerk, das man planmäßig schulen und weiterentwickeln kann. Wer dieses Buch mehrere Male durchgelesen hat und aber merkt, daß kaum etwas hängengeblieben ist, der sollte sich zunächst den Grundwortschatz zum festen Besitz machen. Das geschieht am besten folgendermaßen:

1. **Lesen einer Wendung**
2. **Einprägen**
3. **Wiederholen (dabei die Wendung zuhalten!)**
4. **Aufschreiben**
5. **Nachgucken und vergleichen**

In einem weiteren Arbeitsabschnitt empfiehlt es sich, alle Wendungen, die sich trotz größter Bemühungen nicht dem Gedächtnis einprägen wollen, rot zu markieren und erneut zu bearbeiten. Dadurch reduzieren sie sich auf ein vertretbares Minimum. Anschließend kann dann der Aufbauwortschatz mit Gewinn angegangen werden.

Im **umfangreichen Register** sind vor allem die Strukturwörter, aber auch weniger gebräuchliche Basisvokabeln berücksichtigt und ihre Verteilung im Grund- wie Aufbauwortschatz akribisch vermerkt. Dieser Abschnitt versteht sich einerseits als Handreichung für jene Auszubildenden, die systematisches Lernen bevorzugen und z.B. einmal wissen möchten, in welchen und wievielen Reportagesätzen das Wort „lupfen" vorkommt. Andererseits ist das Register eine Hilfe für jene Fußballreporter, die bereits praktizieren. Denn im Streß der Spielberichterstattung geschieht es immer wieder, daß ein Idiom wie „Den muß er doch reintun" grad in dem Moment nicht präsent ist, in dem Zickler, Riedle oder Furtok eine hundertzehnprozentige Chance versiebt haben. Ein Blick ins Register, und schon sind alle Sätze mit „muß" bzw. „reinmachen" hinreichend schnell verfügbar.

Die Herausgeber haben lange überlegt, ob sie ihren Leserinnen und Lesern den für solche Bücher recht typischen **Raum für eigene Notizen** geben sollen. Dagegen sprach die oben formulierte Erkenntnis, daß eine Erweiterung des Grund- und Aufbauwortschatzes um mehrere hundert, wenn nicht tausend Wendungen eher zur Verwirrung des angehenden Reporters beitrage, als daß sie sein Wissen wirklich praxisrelevant vertiefe. Für eine Aufnahme sprach aber schließlich die Tatsache, daß auch die Fußballreportage der historischen Metamorphose unterliegt. Sätze, die gestern noch undenkbar waren, haben sich längst zum festen Bestandteil des Grundwortschatzes gemausert; man denke nur an „Bleiben Sie

Vorwort / Gebrauchsanweisung

dran", „Präsentiert von ARD und Krombacher" oder „Den wichst er vorbei". Hier ist noch einiges in Bewegung und wird es bleiben; was lag da näher, als die ohne Zweifel höchst **kompetente Leserschaft zum Mitmachen,** zum Mitrecherchieren aufzufordern?

Zudem möchten die Herausgeber nicht ausschließen, daß sie, trotz der unzähligen vorm Fernsehgerät verbrachten Stunden und vollgekritzelten Notizblöcke, schlicht einige Grundwendungen vergessen und **verbaselt** haben. Sie und der Verlag würden sich freuen, wenn dieses Manko von den Lesern ausgemergelt werden – und schon bald ein neuer, zweiter, ja ein dritter und ein vierter Band erscheinen könnte! Die Herausgeber bitten daher so herzlich wie eindringlich, alle nicht in dieses Buch aufgenommenen Idioms direkt an den Verlag zu schicken, und sagen bereits heute vielen vielen **Dank** im voraus.

Gleichwohl: Zu Dank verpflichtet sind die Herausgeber in erster Linie den unzweifelhaften Helden dieses Buches. Ihre **Danksagung** listet denn auch alle jene tapferen Männer auf, die sei's gegenwärtig, sei's in der jüngeren Vergangenheit zum großen, schönen, irisierenden und glitzernd schillernden Werk der Fußballreportage beitrugen, beitragen und in einer fraglos hellen Zukunft beitragen werden – unbeirrbar, unaufhaltsam und vor allem unverdrossen. Ihnen sei dieses Buch gewidmet.

Frankfurt/Main und Essen-Steele, im Juni 1995
Die Herausgeber

A – F

Die Strukturwörter der Fußballreportage

Diese 130 Wörter machen rund ein Zwanzigstel jedes Normalberichts mittlerer Schwierigkeit aus; die zehn häufigsten aber schon 10 Prozent. Angehende Sportreporter sollten sie im Schlaf hersagen können.

A

Abpfiff
Abseits
Abseitsfalle
Abwehr
Abwehrspieler
angreifen
Angriff
Anpfiff
Anschlußtreffer
Anstoß
attackieren
aufbauen
Aus
Ausgleich
Auslinie
auswechseln
Außenpfosten
Außenrist

B

Ball
Bank
Beingrätsche
Berti
blind
Böller

C

Chance

D

daneben
defensiv
direkt
dribbeln
drin

E

Ecke
Eckfahne
Eckstoß
Effet
Einsatz
einwechseln
Einwurf
Elfmeter
Elfmeterschießen
Entscheidung

F

Fankurve
Fans
Fehlentscheidung

F – O

Fehlpaß
Flanke
Foul
freistehen
freispielen
Freistoß
Führung
Fünfmeterraum
Fuß
Fußball

G

gelbe Karte
Gelbrot
grätschen

H

halblinks
halbrechts
Halbzeit
Hammer
Hand
Hattrick
hinten
Hühnerhaufen

I

indirekt
Innenpfosten
Innenrist

J

Joker
Jubel

K

Konter
kontern
Kopf
köpfen
Kurzpaßspiel

L

La Ola
Latte
Leder
Libero
Linie
Linienrichter
links
lupfen

M

Mann
Mauer
mauern
mitlaufen
Mitte
Mittelfeld
Mittelkreis
Möglichkeit

N

nachspielen
Netz

O

Offensive
offizielle Spielzeit

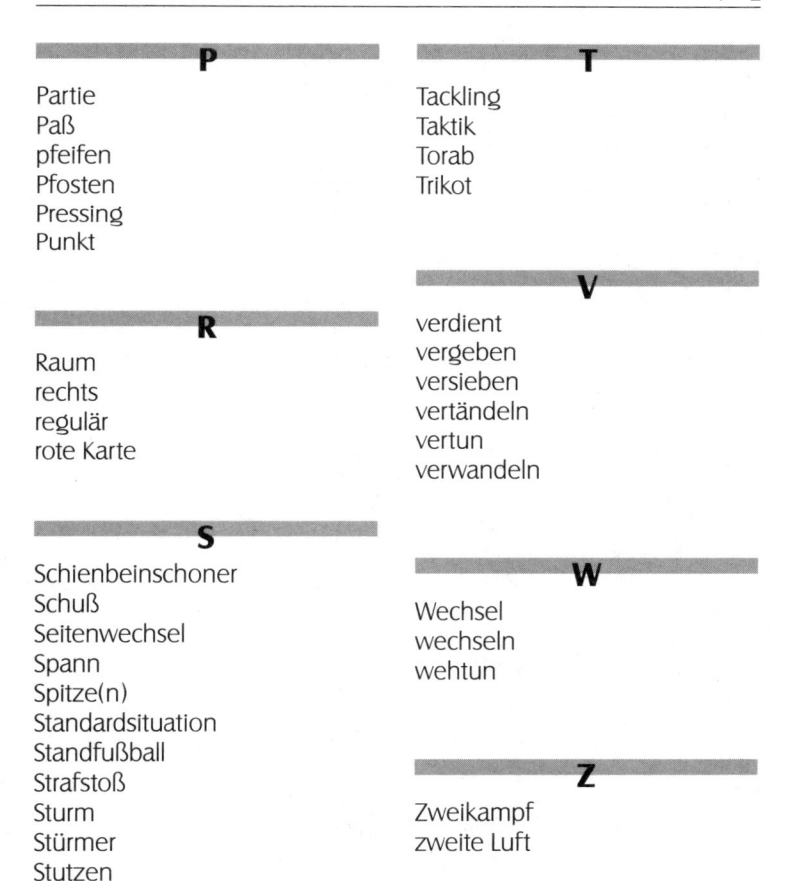

P

Partie
Paß
pfeifen
Pfosten
Pressing
Punkt

R

Raum
rechts
regulär
rote Karte

S

Schienbeinschoner
Schuß
Seitenwechsel
Spann
Spitze(n)
Standardsituation
Standfußball
Strafstoß
Sturm
Stürmer
Stutzen

T

Tackling
Taktik
Torab
Trikot

V

verdient
vergeben
versieben
vertändeln
vertun
verwandeln

W

Wechsel
wechseln
wehtun

Z

Zweikampf
zweite Luft

Der Grundwortschatz

A

Alle Mann bis auf den Torwart in der gegnerischen Hälfte
Alle Spieler gut markiert
Alles Einzelaktionen
Alles ist drin
Alles ist möglich im Pokal ohnehin
Alles läuft über links
Alles offen, alles drin
Alles richtig gemacht, und dann!
Als sei der Ball eine heiße Kartoffel
Also alles andere als eine leichte Aufgabe heute abend
Am Boden: einer der Eckpfeiler über Jahre hinweg
Am Ende verdient
An den Spielanteilen gemessen ist das Ergebnis mehr als schmeichelhaft
An ihm läuft das Spiel vorbei
Auch der Gegner wird bald auswechseln
Auch ohne Matthias Sammer hat die deutsche Mannschaft bewiesen, daß sie durchaus in der Lage ist, ihn zu ersetzen
Auch wir bekommen hier ein warmes Getränk gereicht, was sehr anständig ist
Auf dem sie jetzt einen Turm von Mannschaftskameraden aufbauen
Auf dem tiefen Boden tut er sich besonders schwer
Aufstellung wie erwartet
Aus dem Stand
Aus satter Entfernung
Aus, Schluß, vorbei
Ausgerechnet Möller!

B

Ball war im Aus
Bei diesem Spielstand gelingt ihnen natürlich alles
Bei diesen schnellen Kontern müssen sie aufpassen
Bei guten äußeren Bedingungen
Bei Kohler brennt nichts an
Bei Köln fehlt ein Brecher vorne
Bei mir Horst Köppel
Bleiben Sie dran
Bochum mit optischer Überlegenheit
Braungebrannt, der Schwede

D

Da dürfte eigentlich nichts mehr anbrennen
Da fehlten nur ein paar Zentimeter
Da fragt hinterher doch keiner mehr danach
Da gab's einfach nichts zu halten
Da geht gar nichts mehr
Da hat er alle Zeit der Welt
Da hat er den Ball gespielt
Da hat er die gelbe Karte entgegengenommen
Da hat er ein gutes Auge bewiesen
Da hat nicht viel gefehlt
Da hätte er alles klarmachen können
Da hätte er direkt schießen sollen
Da hätte man mehr draus machen können
Da haut er drauf mit der Faust und trifft den Ball nicht
Da herrscht ein Weißwurstchaos im Schalker Strafraum
Da herrscht natürlich schieres Entsetzen
Da ist das Tor, was ihnen gefehlt hat
Da ist es passiert
Da ist nicht unbedingt einer dabei, der hinausragt

D

Da ist niemand, der das Spiel an sich reißt

Da kann er sich die Ecke aussuchen

Da kommt kaum ein Zuspiel an

Da läßt er das Bein stehen

Da läßt er sie alle stehen

Da löst er sich phantastisch

Da muß einer helfen

Da muß er all sein Können aufbieten

Da muß er doch abspielen

Da müßte er doch mal Gelb zeigen

Da pfeift der Schiedsrichter Sergio zurück wegen falschen Einwurfs, sieht man auch selten. Aber bei dem Versuch, besonders weit zu werfen, kann das schon mal passieren

Da schimpft er mit seinen Vorderleuten

Da schlägt er über den Ball

Da stand er goldrichtig

Da versucht er's direkt

Da war die Abwehr nicht im Bilde

Da war ganz kurz das Loch da

Da wäre der Frankfurter Keeper natürlich nie im Leben drangekommen

Da wartet er einen Moment zu lang

Da wird er festgehalten

Da wird geschoben und gehalten und gezerrt

Dann bekam er doch den Vorzug

Dann wird's natürlich doppelt schwer

Darüber kann er sich am wenigsten beschweren

Das 0:0 würde reichen

Das 1:1 geht voll in Ordnung

Das bringt keinen Raumgewinn

Das gibt natürlich ihnen jetzt wieder Ruhe

Das gibt natürlich Selbstvertrauen

D

Das gibt zu Recht Gelb

Das ging so: Doll-Furtok-Doll-Dickhaut-Doll

Das gleicht mehr Antifußball

Das haben wir ja kommen sehen

Das hat er glänzend gemacht

Das hätte es sein müssen

Das hätte ins Auge gehen können

Das ist die halbe Miete

Das ist natürlich ganz bitter, so kurz vor Schluß noch den Ausgleich zu kassieren

Das ist schon ein ungeheures spielerisches Potential

Das ist seine Entfernung

Das ist seine erste gelbe Karte im laufenden Wettbewerb

Das ist zu einfach zu durchschauen

Das kann dem Spiel nur guttun

Das kann er besser

Das kann sich noch einmal rächen

Das macht er sehr geschickt

Das Mittelfeld muß schneller überbrückt werden

Das Pech klebt ihm heute an den Füßen

Das sah verdächtig nach Hand aus

Das schauen wir uns nochmal an

Das sind keine zwingenden Aktionen

Das Spiel geht ab wie ein Zäpfchen

Das Spiel hat mehr Struktur bekommen

Das Spiel ist an Dramatik nicht mehr zu überbieten

Das Spiel ist buchstäblich in den letzten Sekunden entschieden worden

Das Spiel ist eher was für Insider, sehr von der Taktik geprägt, aber für Sie zu Hause sicherlich nicht schön anzusehen

Das Spiel ist sehr von der Taktik geprägt

Das Spiel läuft

Das Spiel verflacht zusehends

D

Das Spiel werden die sich morgen nochmal anschauen und dann analysieren, woran's gelegen hat

Das Spiel wird jetzt ein bißchen nickeliger

Das sprach für den reichhaltigen Fluß der Dinge

Das Tor hat Kräfte freigemacht

Das Tor muß her

Das war ein Paß in den ganz freien Raum

Das war eine brenzlige Situation

Das war ganz wichtig

Das war knapp

Das war nun 'n bißchen Eigensinn von der weißen Feder

Das war's fürs erste von hier oben

Das würden wir bitteschön gerne nochmal sehen

Den Ball habe ich schon drin gesehen

Den hat er

Den muß er doch direkt nehmen

Den muß er haben

Den mußte er mit dem rechten Fuß nehmen

Den Torhüter möchte ich sehen, der diesen Ball hält

Der Angriff galt ganz klar dem Ball

Der Anschlußtreffer hat noch einmal Kräfte freigesetzt

Der Anschlußtreffer ist natürlich sehr wertvoll

Der auffälligste Mann in dieser Anfangsphase

Der Ball ist noch warm

Der Ball kommt lang

Der Ball kriegt viel Effet

Der Ball läuft gut durch die Reihen

Der Ball zappelt im Netz

Der Druck geht Richtung HSV-Tor

Der Elfmeter geht voll auf seine Kappe

Der Halbzeitpfiff

Der hätte gepaßt

D

Der HSV hat ein bereits gewonnen geglaubtes Spiel wieder aus der Hand gegeben

Der ist mit allen Wassern gewaschen

Der KSC antwortet mit wütenden Angriffen

Der landet genau auf dem Kopf des Leverkuseners

Der Mann bleibt blaß

Der Mann fehlt vorne an allen Ecken

Der Schiedsrichter greift jetzt durch

Der Schiedsrichter hat ein Einsehen und pfeift ab

Der Schiedsrichter ist immer auf Ballhöhe

Der Schiedsrichter läßt viel laufen

Der Schiedsrichter unterbindet die Nickeligkeiten

Der setzt alles ein, was er hat

Der Sieg auch in dieser Höhe vollauf verdient

Der Spielverlauf läßt nicht zu, darauf einzugehen

Der tödliche Paß in die Tiefe

Der Trainer hat ihm sein Vertrauen ausgesprochen

Der Trainer sagt, das ist das wichtigste Spiel des Jahres für uns

Der Trainer wird ihnen in der Halbzeit einiges erzählt haben

Der war gut aufgelegt, ist aber heute völlig fehldisponiert

Der war noch drin

Der Winkel wurde zu spitz

Deshalb war die Aufstellung zuletzt doch noch einmal problematisch geworden

Devise: hinten dicht und vorne Prinzip Hoffnung

Die 70.000 aus dem Häuschen

Die Adduktoren zwicken ein bißchen

Die Auswechselkontingente mit Ausnahme der Torhüter sind jetzt erschöpft

Die Bayern-Abwehrspieler erstarrten zu Salzletten

Die Bilder benötigen keinen Kommentar

Die Bochumer im Angriff ohne Glück

D

Die Bremer wittern Morgenluft
Die Deckung steht
Die Devise muß sein: kontrollierte Offensive
Die Ecke kommt kurz
Die erste Halbzeit haben sie völlig verschlafen
Die Fans sind ähnlich wie unsere, nur 'n bißchen mehr
Die fehlende Spielpraxis merkt man ihm an
Die ganze Begegnung lief in Budapest ab
Die Gäste sind vor allem bei Kontern blitzgefährlich
Die Gefahr ist noch nicht bereinigt
Die gehen nicht mehr baden
Die Gladbacher versuchen alles
Die Herrschaften würgen sich wieder einen, sozusagen
Die Hintermannschaft – heute ein Torso
Die ja in dieser Saison zu Hause noch ungeschlagen sind
Die kann man reinmachen
Die Kräfte lassen nach – kein Wunder unter diesen Bedingungen
Die lange Ecke war doch sperrangelweit offen
Die Lederkugel senkt sich auf den Boden
Die letzte Viertelstunde hat begonnen
Die linke Seite ist zu
Die Luft im Abstiegskampf wird für sie immer dünner
Die Mannschaften kommen unverändert aus der Kabine
Die nachfolgende Ecke brachte nichts ein
Die nachfolgenden Sendungen verschieben sich um ca. 25 Minuten, wir bitten um Ihr Verständnis
Die Sektflaschen können schon mal kaltgestellt werden
Die Situation ist noch warm
Die Spanier ziehen ihre Runden
Die Spieler des FC Porto haben heute kein Zielwasser getrunken, das steht fest
Die Spitzen hängen weit zurück
Die Spitzen hatten sie jederzeit im Griff

D

Die Tore werden über außen fallen

Die Unsicherheiten in der Abwehr sind eklatant

Die von den faktischen Variationsmöglichkeiten reifere Mannschaft

Die Zuschauer kommen voll und ganz auf ihre Kosten

Diese hohen Flanken sind kein Rezept, um den Abwehrriegel zu knacken

Diese Niederlage wirft die Mannschaft um Jahre zurück

Diese Waffen, vor allem Ecken und Freistöße, blieben heute stumpf, in erster Linie auch, weil der Ball so schwer war

Diesen Ball kann auch ein Möller nicht erreichen

Dieses hohe Tempo können sie unmöglich über die vollen 90 Minuten gehen

Dieses Spiel ist mit Sicherheit kein Ruhmesblatt für den deutschen Fußball
Dieses Tor müßte noch einmal Kräfte freimachen
Dieses Tor war sehr wichtig
Dort, wo's am meisten wehtut
Drei Ecken ein Elfer, haben wir früher gesagt
Durch Freund und Feind findet der Ball den Weg ins Tor
Dynamo von Beginn an offensiv

E

Eben noch hinten, und jetzt schon wieder vorne
Eigentlich geht es hier um nichts mehr
Ein 0:0 reicht zum Weiterkommen
Ein 1:0, immer brisant
Ein ausgeglichenes Spiel
Ein dummes Foul
Ein gefährlicher Aufsetzer
Ein Kabinettstückchen
Ein Klassemann im Kampf Mann gegen Mann
Ein knochentrockener Schuß
Ein Konter, mit viel Übersicht und Gelassenheit vorgetragen
Ein lupenreiner Libero
Ein Mann für Berti
Ein Mißverständnis
Ein schulbuchmäßig vorgetragener Angriff
Ein Schuß wie an der Schnur gezogen
Ein Sieg ohne den großen Glanz
Ein Sieger stand bereits vor dem Anpfiff fest: der Kassierer
Ein Spezialist für ruhende Situationen
Ein spielerisches Potential, das in Deutschland seinesgleichen sucht
Ein temperamentvoller Beginn
Ein temperamentvolles, ein interessantes Spiel
Ein Tor wie eine Injektion

E

Ein Tor würde dem Spiel guttun
Ein typisches 0:0
Ein Unentschieden reicht nicht
Ein verheißungsvoller Auftakt
Ein vorweggenommenes Endspiel
Ein Warnschuß für die deutsche Mannschaft, die mehr nach vorne tun muß und so das Spiel den Russen nicht überlassen darf
Ein wirklich tolles Spiel, das wir Ihnen in der zweiten Halbzeit sogar live übertragen durften
Ein Zuckertor
Eine faire Partie
Eine faustdicke Überraschung
Eine gefährliche Distanz
Eine hundertprozentige Chance
Eine insgesamt sicher enttäuschende Leistung
Eine klare Tätlichkeit
Eine knappe Viertelstunde ist gespielt, sie suchen noch nach ihrem Konzept
Eine kompromißlose Abwehrleistung
Eine salomonische Entscheidung
Eine Stunde jetzt absolviert
Eine Verletzung im Adduktorenbereich
Einfach kein Glück im Abschluß
Elf Augsburger jetzt gegen zehn Stuttgarter
Entscheidend wird sein, ob die brandgefährlichen Spitzen in Manndeckung genommen werden
Er absolviert ein ungeheures Laufpensum
Er also geht, und in die Mannschaft kommt der eben schon angesprochene Christian Wück
Er blieb heute blaß
Er bringt den Ball einfach nicht über die Linie
Er deckt den Ball hervorragend ab
Er deckt ihn hauteng
Er findet in Stein seinen Meister

Er gab dem Spiel die entscheidende Wende
Er gehört nicht unbedingt zur ersten Elf
Er geht auf Nummer sicher
Er geht mit gestrecktem Bein in ihn hinein
Er geht von hinten voll in den Mann
Er hält den Ball dicht am Fuß
Er hat alle Hände voll zu tun
Er hat einen gefährlichen Antritt
Er hat heute nicht seinen besten Tag
Er hat ihn voll im Griff
Er hat ja in den letzten Wochen die Ausfälle der Persönlichkeiten nutzen können
Er hat jetzt Schwierigkeiten, den Elfmeterpunkt richtig zu finden
Er hat Ladehemmung
Er hat seine Abwehr fest im Griff
Er hatte zuviel Rücklage
Er hier eröffnete den Torreigen
Er holt sich die Bälle jetzt selbst, sonst bekommt er keine
Er holt sich die Bälle von hinten
Er ist die Seele des Spiels
Er ist eine der Korsettstangen, an der sich andere aufrichten
Er ist heute deutlich hinter seinen Möglichkeiten zurückgeblieben
Er ist kaum einmal vom Ball zu trennen, außer durch Foulspiel
Er ist sträflich ungedeckt
Er kam nicht mehr richtig hinter den Ball
Er kann nicht mal ausatmen, ohne daß ihm einer auf den Socken steht
Er kann nicht mehr weitermachen
Er kommt jetzt etwas besser ins Spiel
Er kratzt den Ball von der Linie
Er läßt ihn nicht zur Entfaltung kommen
Er läßt viel durchgehen
Er legt sich den Ball zurecht

E

Er macht alles klar
Er macht ein Riesenspiel
Er macht eine unglückliche Figur
Er macht einen Haken zuviel
Er macht heute ein gutes Spiel
Er macht sich selbst das schönste Geburtstagsgeschenk
Er markiert das Tor
Er meldet aufgrund der zuletzt gezeigten Leistungen seine Ansprüche auf einen Stammplatz an
Er muß vorzeitig unter die Dusche
Er müßte das Heft mehr in die Hand nehmen
Er müßte einmal den direkten Weg zum Tor suchen
Er narrt gleich zwei Gegenspieler
Er paßte sich dem mäßigen Niveau seiner Umgebung an
Er rettet auf der Linie
Er schickt ihn in die falsche Ecke
Er schießt den Ball ins Ozonloch
Er setzt sich selber auf die Wolke, auf der er fliegt
Er sorgt vorne für viel Unruhe
Er spielt für die Galerie
Er spielt ihm den Paß in den Rücken
Er spürt den Gegner im Genick
Er streichelt den Ball
Er tut sich schwer hier auf der rechten Seite
Er versucht es wenigstens mal
Er versucht's direkt
Er war heute zur Wirkungslosigkeit verurteilt
Er war vorne schon in Position gelaufen
Er wird hautnah markiert
Er würde den Spielern und uns allen einen Gefallen tun, wenn er endlich abpfeift
Er zieht den Ball auf den ersten Pfosten
Erhobenen Hauptes verlassen sie den Platz

Es brennt im Strafraum lichterloh
Es darf noch nicht gejubelt werden
Es dauert alles ein bißchen lange
Es fehlen die zwingenden Aktionen
Es geht noch was
Es gibt manchen Anlaß zur Besorgnis
Es gibt so Tage, da geht nichts zusammen
Es gibt Torab
Es gibt Torabstoß
Es gibt um Platz zwei jetzt also eine Massierung
Es ist alles aus
Es ist aus
Es ist ein Spiel auf ein Tor
Es ist heute sicherlich nicht sein Tag
Es ist nicht das ganz große Spiel
Es ist zu viel Standfußball im deutschen Mittelfeld
Es kämpft jeder für jeden, keiner ist sich zu schade, auch mal Drecksarbeit zu verrichten
Es läuft viel über die linke Seite
Es macht Spaß, sich in solchen Torerfolgen zu suhlen, nicht wahr
Es spielt sich alles in der gegnerischen Hälfte ab
Es war kein großes Spiel
Es wird kein Zentimeter Boden verloren gegeben
Es würde von der Regel her formal reichen, aber in der Gesamtbewertung: mein lieber Mann!

F

Faire Attacke von Legat
Für alle, die erst jetzt nach Hause gekommen sind oder sich erst jetzt zuschalten konnten: Es steht noch immer unentschieden 0:0 torlos
Für ihn fühlte sich niemand verantwortlich
Für mich korrekte Entscheidung: kein Elfmeter

G

Ganz klar technische Schwächen
Ganz links im Bild der Trainer
Gefährlich, diese aufsetzenden Bälle, die wie tot nach unten plumpsen
Gefährliches Spiel
Gegen diesen harten Burschen hat er einen schweren Stand heute
Gelb hat er schon gesehen
Genau auf den Spann serviert
Genau eine halbe Stunde gespielt
Gleich geht's weiter
Gut aufgelegt, aber er trifft den Ball nicht voll
Gut begonnen, aber dann nachgelassen
Gut bespielbarer Rasen
Gut gesehen!
Gute mannschaftliche Geschlossenheit
Gute Position für Bender
Guten Abend allerseits

H

Hat das Bein stehengelassen
Hat der Schiedsrichter anders gesehen
Hat er wohl eine Zerrung, sieht nicht gut aus
Hätte man pfeifen können
Hauptsache ein Sieg
Herrlich und Klinsmann springen sich gegenseitig mehr an, als sie das Streitobjekt erreichen
Hier brennt nichts mehr an
Hier ist alles entschieden
Hier ist alles gegessen
Hier ist alles klar
Hier laufen die letzten zwanzig Sekunden, ich sag' immer: regulär
Hier spielt heute nur eine Mannschaft

Hinten nur Kohler, der den Elfer in Arbeit hat
Höchstens ein Schüßchen
Holt sich die Bälle von hinten

I

Ich habe den Ball heute als sehr groß empfunden
Ich hoffe, wir haben den besseren Ausgang
Ich möchte jetzt nicht in der Haut des Trainers stecken
Ich sag' ja: Das System ist nur eine Hälfte
Ich weiß nicht, was es da zu pfeifen gibt
Ich weiß nicht, wie es Ihnen geht, meine Damen und Herren, aber hier sieht es nicht so aus, als würde noch allzu viel passieren
Ihm hier kann's nur recht sein
Im Abschluß tut er sich schwer
Im direkten Gegenzug die Borussen
Im Moment der Ballabgabe kein Abseits
Im Regen sieht man natürlich diese blanke Stelle am Hinterkopf von Walter Zenga besonders gut, das wird ihn ärgern
Im richtigen Moment kommt das Abspiel in den freien Raum
Im Rückwärtsgang
Immel muß zum ersten Mal eingreifen
Immer anspielbar

J

Ja gut, wir haben sicherlich kein schönes Spiel gesehen
Ja warum auch nicht!
Ja, der alte Kapitän, das ist ein Fuchs
Ja, ein Flankengott sieht wahrlich anders aus
Jeder weiß genau, wo er hinzulaufen hat
Jetzt fangen sie an zu zaubern
Jetzt geht einfach alles
Jetzt haben sie ein bißchen Zeit
Jetzt ist der Druck weg

Jetzt ist es ein echter Pokalfight
Jetzt ist Musik drin im Spiel
Jetzt ist Platz zum Kontern
Jetzt muß man die Zähne zusammenbeißen
Jetzt sind genau fünfzehn Minuten gespielt, also eine Viertelstunde
Jetzt spielen sie wie befreit auf
Jetzt tut natürlich jeder Schritt weh
Jetzt werden auch die Fans endlich wach

K

Katastrophale Chancenauswertung
Kaum Entlastungsangriffe
Kein Abseits!
Kein Auge für den Nebenmann
Kein typisches 0:0
Klarer Fall, das gibt Gelb-Rot
Klasse gemacht
Köln jetzt von links nach rechts
Korkenzieher der Nummer vierzehn

L

Leverkusen hat aufgrund einer kompakten Abwehrleistung den FC Nantes nie zu seinem gefürchteten Sturm- und Torwirbel kommen lassen
Leverkusen verschärft den Druck

M

Mach das Ding rein!
Man sieht's deutlich: Die Holländer grübeln über dem Spielplan
Man sollte nicht immer davon reden, daß der Pokal seine eigenen Gesetze hat – aber heute bewahrheitet es sich ja einmal mehr
Mit 'nen bißchen mehr Glück geht er rein
Mit Ansage

Das kann man sich nur beim Hörfunk erlauben

Mit dem letzten Aufgebot
Mit dem Mute der Verzweiflung bäumen sie sich gegen die drohende Niederlage auf
Mit spielerischen Mitteln ist dieser Mannschaft nicht beizukommen
Mit Verdacht auf Adduktorenabriß
Mit vollem Risiko
Möller mit Platz
Munteres Spielchen hin und her

N

Nach furiosem Beginn ziehen sie sich nun zurück in die eigene Hälfte
Natal! Mulder! Wynhoff! Hah! Hoh!
Nein, bei der Ballabgabe keineswegs
Nicht abgepfiffen
Nicht eben hochklassige Begegnung
Nicht lange fackeln, ruhig aus der zweiten Reihe schießen
Noch abgefälscht
Noch keine Akzente gesetzt
Noch keine einzige nennenswerte Torchance
Noch macht der Unparteiische keine Anstalten, die Partie hier abzupfeifen

O

Ohne die ganz zwingenden Chancen
Ohne jede Chance, den Ball noch zu erreichen

R

Reguläre Spielzeit ist abgelaufen

S

Schade
Schade, schön gedacht
Schauen Sie, was der draus macht

Schiedsrichter Eschweiler mit viel Fingerspitzengefühl
Schiedsrichter hat's gehört
Schiedsrichter läßt Vorteil laufen
Schiedsrichter sagt: weiterspielen
Schiedsrichter zeigt an: letzte Minute
Schön geklärt
Schön hereingezogen
Schönes Zuspiel
Schongang gibt es nicht
Schwalbe!
Schwer auszurechnen
Schwer zu sagen von hier oben
Sechs Minuten trennen den 1.FC Köln noch vom Einzug ins Halbfinale
Sechzig Minuten gespielt, immer noch 0:0
Sehr ball- und kombinationssicher
Sicher eine Konzessionsentscheidung
Sicherlich nicht das erwartete Spitzenspiel
Sicherlich, spielentscheidend wird sein, welche Mannschaft schon im Mittelfeld konsequent stört
Sie agieren aus einer sicheren Abwehr heraus
Sie diktieren das Spielgeschehen nach Belieben
Sie drängen auf den Ausgleich
Sie drücken jetzt mehr aufs Tempo
Sie feiern den Auswärtspunkt wie einen Sieg
Sie gefallen mir ausnehmend gut
Sie gehen einfach nicht richtig in die Zweikämpfe
Sie gehen heute mit dem nötigen Selbstvertrauen ins Spiel
Sie gehen kompromißlos zur Sache
Sie haben die größeren Spielanteile
Sie haben ein anderes Spiel gesehen
Sie haben noch nicht zu ihrem Spiel gefunden
Sie haben sich hier teuer verkauft

Sie halten den Ball in den eigenen Reihen
Sie hätten den Sack längst zumachen müssen
Sie kommen durch die Mitte
Sie kommen über die Flügel
Sie lassen den Ball laufen und damit den Gegner
Sie lösen sich zu spät vom Ball
Sie müssen jetzt alles riskieren
Sie rücken blitzschnell nach
Sie rücken zu langsam nach
Sie setzen sich in der Hälfte des Gegners fest
Sie sind eine klassische Turniermannschaft
Sie sind in allen Belangen überlegen
Sie spielen aus einer verstärkten Deckung heraus
Sie spielen heute wirklich wie ein Absteiger
Sie spielen ihre Überlegenheit voll aus
Sie spielen sie schwindelig
Sie stehen gut hinten drin
Sie stehen hinten sehr diszipliniert und spielen geschickt nach vorne
Sie steigern sich in einen wahren Spielrausch
Sie tun sich schwer im Aufbau
Sie verlegen sich aufs Kontern
Sie verstehen sich blendend
So eine Chance bekommt man nicht alle Tage
So einfach geht das
So haben wir uns den Auftakt zur zweiten Halbzeit nicht vorgestellt
So kann's gehen
So schön kann Fußball sein
So verrinnen die Sekunden
Sofort kam der unnötige Kommentar eines Zuschauers, eine Leuchtrakete
Spiel läuft weiter
Spielentscheidend wird sein, welche der Mannschaften früh stört

T

Torszenen bislang leider Mangelware

U

Über die Außen sind sie gefährlich
Überaus beweglich an der rechten Seite
Um sie herum perlt schon der Champagner
Und er macht das Tor
Und es kam noch dicker
Unhaltbar
Unschöne Szene
Unsicherheit im Herauslaufen
Unter Wert geschlagen

V

Verdiente Pausenführung
Viel Grund nachzuspielen gibt es nicht
Vielleicht die letzte Möglichkeit, doch noch den Ausgleich zu erzielen
Vollkommen frei
Von Anfang an tonangebend
Von einem Heimschiedsrichter kann hier keine Rede sein
Von ihm haben wir überhaupt noch nichts gesehen

W

War schön gedacht
Warum nicht!
Was bleibt dem Trainer anderes übrig, als einen zusätzlichen Stürmer zu bringen
Was das Spiel braucht, ist ein Tor
Was fehlt, ist der Antreiber im Mittelfeld
Was fehlt, ist die Anbindung ans Mittelfeld
Was fehlt, ist ein richtiger Brecher, der mal vorne reingeht
Was fehlt, sind die ganz klaren Chancen
Wen soll er anspielen?

Wenn der abgefälscht wird, kommt er ganz gefährlich aufs Tor
Wenn der Schiedsrichter pfeift, ist es eine Tatsachenentscheidung
Wenn es etwas zu bemängeln gibt, dann die mangelhafte Chancenausbeute
Wieder zu lange gezögert
Wildfremde Menschen liegen sich in den Armen
Wir haben sicherlich kein überragendes Spiel gesehen
Wir schauen nochmal auf die Höhepunkte der ersten Halbzeit
Wir sehen eine ganz andere Mannschaft auf dem Platz
Wir sind wieder zurück, die zweite Halbzeit kann beginnen

Z

Zorc muß aufpassen, er ist bereits mit Gelb aus dem Hinspiel vorbelastet
Zu durchsichtig
Zu früh gestartet
Zu viele Zweikämpfe werden verloren
Zu weit vors Tor gezogen
Zuerst einmal zurück nach Mainz zu den heute-Nachrichten
Zum zweiten Mal, daß da ein Gladbacher zwar unbedrängt, aber frei zum Kopfball kommt
Zurück im Stadion
Zurück zum Tagesthementelegramm

In der Ausbildung I

Der Aufbauwortschatz

1. Quantität

a) Zahlen

0:0 torlos trennen sie sich in einem durchschnittlichen Spiel

Allein schon die nominelle Anwesenheit Riedles bedeutet Gefahr für die Hintermannschaft

Das 1:0 geht absolut in Ordnung

Das da vorne bei den Schweden ist auch mathematisch ein albernes Unterfangen: zwei Weiße gegen vier Blaue

Das Eckenverhältnis jetzt acht zu drei

Das ist ein Lotteriespiel

Das Spiel läuft seit exakt dreißig Sekunden, Sie haben noch nichts verpaßt

Das war ja fast ein sicheres 2:0

Die letzten Auswärtsspiele, an deren Zahl es vier gewesen sind

Drei Chancen, drei Tore – das nennt man hundertprozentige Chancenauswertung

Durchschnittsalter 28,3 Jahre

Er macht das richtig, ruhig mal aus 20, 30 Metern draufhalten

Für die Freunde der Statistik: Das war das erste Freistoßtor der Uerdinger nach 711 Spielminuten

Gut zwanzig Minuten noch, immer noch 1:0

Heute mit der 4

Hier hätte es gut und gerne 2:0 heißen können, heißen müssen

Madrid führt nach genau einer Stunde 1:0 beim Lokalrivalen

Mit dem 3:1 in die Halbzeitpause zu gehen, das wäre psychologisch sehr wichtig

Mit dem Unentschieden können beide Mannschaften leben

Schön spielen zählt nicht

Sie fanden kein geeignetes Mittel, um zu einem zählbaren Erfolg zu kommen

Was zählt, ist das Ergebnis

b) Mengenangaben

Aber mehr als ein Tor schaute nicht mehr heraus

Aber welche Statistik stimmt schon. Nach der Statistik ist jeder Vierte ein Chinese, aber hier spielt kein Chinese mit

Alle Spieler bis auf den Torwart in der gegnerischen Hälfte

Bei einer Siegesfeier gab es sechs Tote. So sollte man den Fußball natürlich nicht feiern

Bis auf eine Chance durch Bender sprang bisher nichts für den KSC heraus

Da fehlten nur Millimeter

Da haben sie alle Hände voll zu tun

Da haben sie natürlich unendlich viel Zeit

Da läßt er drei, vier Mann einfach stehen

Da sehen Sie, wie schnell das Spiel ist: insgesamt 86 Angriffe, das gibt's nicht alle Tage

Das sind nie und nimmer neun Meter fünfzehn

Das Stadion ist voll besetzt

Der hat ein Auge

Die 10 bei Dortmund bisher nur eine 9 $1/2$

Die Spieler machen da weiter, wo sie vor einer Woche aufgehört haben

Es gibt den vierten Eckball

Sie spielen viel zu sehr durch die Mitte

Wenn er an den Ball kommt, sind sofort drei, vier Abwehrspieler da und stören

2. Handel, Banken und Versicherungen

Abgerechnet wird erst nach dem Rückspiel

Beide Mannschaften haben sich nichts geschenkt

Bewegung auf der Bank

Bloß keinen Gegentreffer mehr einhandeln

Da müssen sie mehr draus machen

Das bringt doch alles nichts

Das Mittelfeld muß sich besser anbieten

Das zeichnet eine Klassemannschaft wie Madrid aus: das Tempo aus dem Spiel nehmen, den Rhythmus ständig wechseln

Den Ball hat er völlig unterschätzt

Den hat er

Der arbeitet mit allen Tricks

Der Trainer fordert von ihm mehr Eigeninitiative

Der Zuschauer kommt voll auf seine Kosten

Deutlich mehr Spielanteile für die Duisburger

Die Abwehr steht gut sortiert

Die Anteile waren zumindest im zweiten Teil gut verteilt

Die Laktatwerte sind im optimalen Bereich

Die Spielanteile sind klar verteilt

Dieser Torwart ist eine Bank

Ein brillanter Abschluß

Ein ganz gewiefter, abgezockter Spieler

Ein gelungener Seitenwechsel

Ein Mann, der gut austeilen kann, aber auch hart im Nehmen ist

Eine unüberlegte Einzelaktion

Er muß schon einiges einstecken

Er sucht sofort den Abschluß

Er wird sich im Verlaufe der Saison noch steigern
Erstes Ziel: den eigenen Laden dichtmachen
Es bahnt sich ein Wechsel an
Glücklich, aber nicht unverdient
Heute noch einer der Aktivposten
Hier sind Spekulationen wieder Tür und Tor geöffnet, denn der Pokal hat ja seine eigenen Gesetze
Jetzt also der Wechsel
Jetzt gibt's den nächsten Wechsel
Kann am Ball alles, aber der Abschluß
Massaro war eine gute Investition, er besorgte das 1:0
Mehr war nicht drin
Nichts geht mehr
Schöner Wechsel
Schöner Wechsel auf die rechte Seite
Sie haben ja nichts mehr zu verlieren
Sie nutzen die angebotenen Räume
Sie schlagen aus ihrer Überlegenheit kein Kapital
Sie sind sicherlich nicht zu unterschätzen
Sie spielen am Limit
Sie spielen nicht schön, aber erfolgreich
So ist das im internationalen Geschäft
So ist Fußball: Was zählt, sind die Tore
Wieder sechs, sieben Stationen ohne jeden Raumgewinn

3. Essen, Trinken, Wohnen

Also, Pfeffer ist hier drin!
Auf den Fuß serviert
Bißchen kleinklein
Bombenstimmung natürlich hier im Stadion
Da brennt nichts an

Da hat er ihn mustergültig bedient
Da hat er kurz vor Schluß noch ein echtes Schmankerl serviert
Da ist nicht allzu viel drin
Da läuft er auf und kann gleich wieder in die Kabine
Das Erfolgsrezept: schnell über die Flügel spielen
Das ist die Flügelzange
Das ist natürlich ein Traumeinstand
Das schmeckt den Schweden gar nicht
Den hat niemand auf der Rechnung gehabt
Der Ball ist noch heiß
Der KSC erarbeitet sich jetzt ein Übergewicht
Der Trainer kann aus dem Vollen schöpfen
Der war noch gut
Die Ballzauberer vom Zuckerhut
Die Fahne ist oben
Die Königsblauen
Diese Flanke war butterweich angeschnitten
Durchweg biedere Hausmannskost
Ein erster Vorgeschmack
Ein Genuß mit Beck's
Ein raffiniert angeschnittener Ball, fehlte aber noch ein bißchen, um aufs Tor zu kommen
Ein Tor so kurz vor Schluß, das ist sicherlich bitter
Ein Traumpaß, auf den Spann serviert
Ein Zuckerpaß
Er geht auf Nummer sicher und macht den Flachmann
Er hat eine total verkorkste Saison hinter sich
Er muß es allein versuchen
Er will, daß sich die Mannschaft durchbeißt
Es geht zum Pausentee
Es ist noch nicht das Gelbe vom Ei, was beide Mannschaften hier bieten
Fahne des Linienrichters war oben

Gleich geht's weiter, exklusiv, mit Hasseröder Pilsener
Jetzt geht's ans Eingemachte
Jetzt können Sie sich zu Hause erstmal zurücklehnen
Nachdem er ein, zwei gute Szenen gehabt hat, hat ihn Jürgen Kohler mehr und mehr abgekocht
Nicht schlecht!
Nürnbergs Abwehr spielte in der ersten Halbzeit wie eine Mischung aus Bratwurst und Lebkuchen
Ooh, ein klares Nachschlagen
Parma hat sich noch lange nicht aufgegeben
Polster völlig abgemeldet bei Kreuzer
Präsentiert von ARD und Krombacher
Sie müßten das Spiel jetzt mehr in die Breite ziehen
Sie sind heiß
Sie werden sich die Butter nicht mehr vom Brot nehmen lassen
So was ist bitter, liebe Zuschauer
Solche Ballverluste sind bitter
Überzahlspiel der Gäste
Viel Arbeit für den Trainer in der Kabine
Wir machen noch einmal eine kleine Pause

4. Polizei und Gefängnis

Beide Mannschaften geben das Mittelfeld jetzt weitgehend frei
Da hat er ihn nicht voll erwischt
Da sind sie natürlich besonders gefährlich
Da sind sofort drei Mann da
Da versucht er ihn freizusperren, aber der Ball geht in die Mauer
Da war er durch
Das meiste spielt sich zwischen den Strafräumen ab
Das Spiel war eine derartige Werbung für den Fußball, daß es nicht wieder gutzumachen ist

Der ist schon verwarnt
Der Strafraum steht lichterloh in Flammen
Die gesamte Deckung weit vorgerückt
Die Harnsäurewerte bei Brehme liegen im Grenzbereich
Dieses Foul war von einer gewissen Brutalität geprägt
Dooley hat gut aufgepaßt
Er fackelt nicht lange, links wie rechts
Er greift hart durch
Er hat alle Offensivfreiheiten, und er nutzt sie sehr geschickt
Er hat sich einen festen Platz im Team erspielt
Er ist noch nicht wieder der Alte
Er wird sträflich alleingelassen
Es fehlt an Durchschlagskraft
Für meine Begriffe eine harte Entscheidung
Ganz gefährlicher Mann
Ja, Foulspiel
Kann Rudi Völler das Ding noch drehen, ist die Frage
Man darf diesen Mann nicht für eine Sekunde aus den Augen lassen
Man kann so einen Mann nicht so frei zur Entfaltung kommen lassen
Neu in der Mannschaft
Rechts stand Klinsmann völlig frei
Sie leisten überhaupt keine Gegenwehr
Sie spielen befreit auf
Sie spielen nicht Mann gegen Mann, sondern in der Zone
So spannend kann Fußball sein
Um ein Haar wär' er da durchgewesen
Unkontrollierter Einsatz

5. Theater, Funk und Fernsehen

Auch die Ersatzspieler hält es nicht mehr auf ihren Plätzen
Bislang keine nennenswerten Torszenen
Bislang spielen sie ganz schön mit

Da haben wir die Szene
Da haben wir ihn noch einmal kurz gesehen
Das ist die Kulisse
Das wollen die Zuschauer sehen
Die Besucher brauchten ihr Kommen nicht bereuen
Die großen spielerischen Akzente fehlen noch
Die Pause haben wir uns verdient
Die Zuschauer im weiten Rund
Ein Auftakt nach Maß
Ein fulminanter Einstieg
Ein glänzender Abgang
Ein Kabinettstückchen
Er geht, und er hier kommt
Er hat sich selber aus der Mannschaft gespielt
Er läßt sicherlich noch ein, zwei Minuten wegen verletzungsbedingter Pausen nachspielen
Er wächst immer mehr in die Rolle des Regisseurs
Es gibt keinen Anlaß nachzuspielen
Fehlpaßfestival
Gutes Stellungsspiel
Hier in unserem improvisierten Ministudio
In diesem Moment der Pausenpfiff
Ja, Buric war eben schon mal da, aber jetzt kommt er wieder
Ja, das war ein Auftakt!
Jetzt wieder in der Position des letzten Mannes
Kaum Raumgewinn in dieser Szene
Man mag da nicht mehr hinsehen
Mit diesem Auftritt haben sie sich alle Sympathien verscherzt
Mit dieser Vorstellung haben sie sich nicht mit Ruhm bekleckert
Mit zunehmender Spieldauer
Nach der Pause diktieren sie eindeutig das Geschehen
Nur Häßler wußte zu gefallen
Sie wollen heute was fürs Image tun
So, da sind wir wieder

Völlig von der Rolle
Was sich der Schiedsrichter hier leistet, ist ein Skandal
Wir melden uns rechtzeitig zurück
Wir zeigen Ihnen diese Szene ungeschnitten
Zurück in die angeschlossenen Funkhäuser
Zurück ins Funkhaus

6. Mode, Kleidung, Schmuck

Da hat's ihm die Locken schön gekräuselt
Da hätte er durchaus auch Rot zeigen können
Da hätte man auch Gelb geben können
Da war Köpcke offenbar noch mit den Handschuhkuppen dran
Dafür gibt es Gelb
Das ist zu eng, das ist viel zu eng
Das kann man sich kaum mehr anschauen
Das Oranje-Team
Das war mal wieder Marke Häßler
Der hat nach dem Spiel Kreide an den Schuhen
Der hat schon Gelb
Der zweite Anzug paßt
Die neuen Juwelen des Weltfußballs
Die roten Teufel
Eine brillante Einzelleistung
Eine kleine Nickligkeit
Er schleicht sich auf leisen Sohlen nach vorne
Er zog geschickt die Fäden im Mittelfeld
Es sieht nicht gut aus
Es sieht sehr gut aus
Ihnen klebt das Pech an den Stiefeln
Mir scheint, die Bananenflanke ist im Weltfußball aus der Mode gekommen

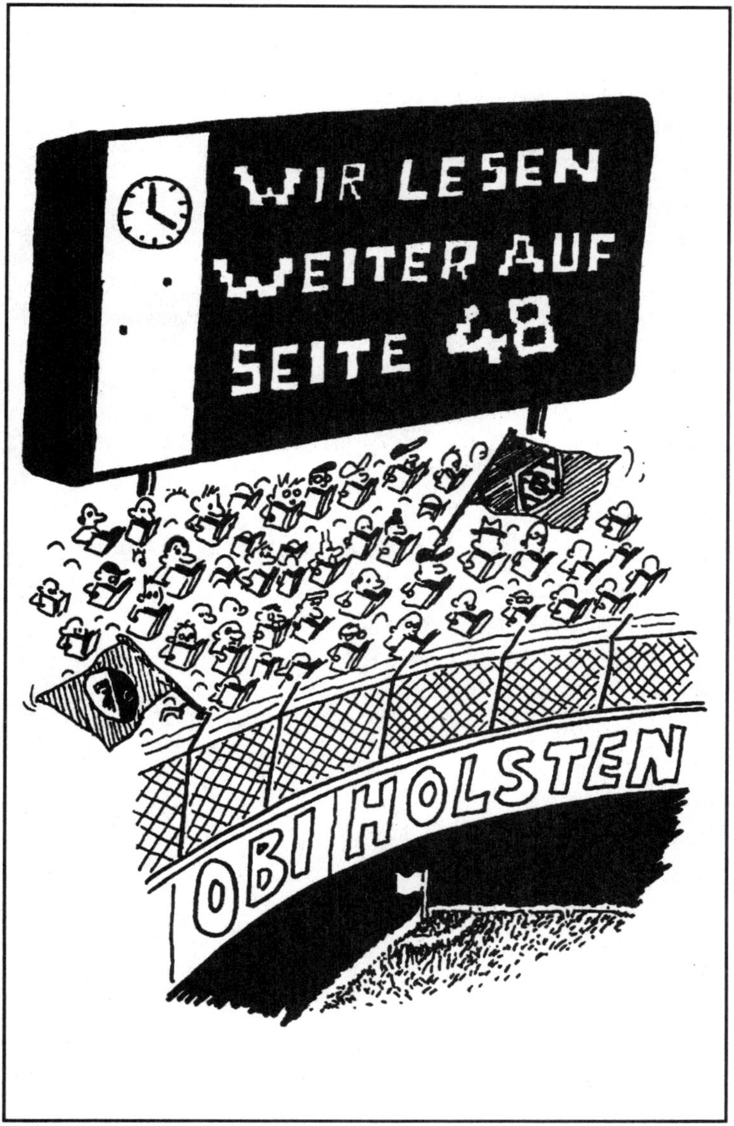
WIR LESEN
WEITER AUF
SEITE 48
OBI HOLSTEN

Muß er ihn denn bis auf die Unterhose ausziehen?
Nichts läuft zusammen
Sie spielen heute, als hätten sie türkische Schnabelschuhe an
Sie spielen mit 2 ½ bis 3 Spitzen
Sie spielen nur mit der zweiten Garnitur
Sie tragen grüne Hemden, blaue Hosen und gelbe Stutzen
Sie wollen wohl den Schönheitspreis gewinnen

7. Jagd

Da haben wir das Duell
Da kommt er völlig frei zum Schuß
Da läuft sich keiner frei, da bewegt sich keiner
Das Pulver viel zu früh verschossen
Der Angriff galt klar dem Mann
Der Mann absolviert ein wirklich unglaubliches Laufpensum
Die Abwehr steht
Die deutsche Abwehr steht gut gestaffelt
Die Kölner schlagen sich wacker
Die spielerischen Akzente bleiben auf der Strecke
Die Zeit läuft ihnen davon
Ein echter Sonntagsschuß
Ein ewiges Prestigeduell
Ein Stürmer muß her
Ein überraschender Tempogegenstoß
Ein vermeidbarer Treffer
Ein weiteres Beispiel für seitenverkehrtes Schußverhalten
Eine spektakuläre Parade
Er kann schießen!
Er setzt nach
Er wird überhaupt nicht angegriffen
Er wird viel zu spät angegriffen

Es ist natürlich ein Prestige-Duell
Es wird nochmal zum Halali geblasen
Immer gefährlich bei Standardsituationen
Jajaja, wenn der zum Schuß kommt, der fackelt nicht lange, der Bursche
Kann schießen!
Mit diesem Schuß war zum Angriff geblasen
Mit voller Überzeugung abgezogen
Ottos Geheimwaffe
Sicherlich eines der packenden Duelle heute abend
Sie leisten überhaupt keine Gegenwehr
Sie marschieren nach vorne
Sie müssen sich nicht verstecken
Sie stehen gut gestaffelt
Sie verfingen sich immer wieder im Kölner Abwehrnetz
Sie verstecken sich hier überhaupt nicht
Und dann eine solche Flanke
Und dann hält er voll drauf
Und sofort rücken sie auf
Vorsichtig!

8. Freundschaft und Beziehung

Bislang kaum Ballkontakte für ihn
Da ist niemand
Das hat sogar den Spielerfrauen gefallen
Das wird eine lange Nacht
Den kann keiner
Den wichst er vorbei
Einsam am Mittelkreis
Er ist jetzt immer häufiger vorne anzutreffen

Er macht mit ihm, was er will
Er wird mit dem FC Schalke 04 in Verbindung gebracht
Es gibt keine Bindung im Spiel
Es ist wie verhext: Das Ding will nicht rein
Gibt's ja gar nichts zu diskutieren
Ich sprach gerade das Mittelfeld an, da läuft das Spiel an Möller vorbei
Immer häufiger im Mittelfeld anzutreffen
Körperbetontes Spiel
Mißverständnis
Mutterseelenallein
Reuter mit dem eingeklemmten Baggio
Schöne Szene das jetzt, man versteht sich
Sein erster Ballkontakt
Sie gehen voll in die Zweikämpfe
Sie sind drückend überlegen
Sie sind in jeder Beziehung unterlegen
Sie verstehen sich blendend da auf der rechten Seite
Und dann dieser Ballverlust
Vorsicht Standardsituation
Vorsichtiges Abtasten bei beiden Mannschaften

9. Auto, Motor, Sport

Da ist er zu früh gestartet
Da läuft sich Henschel fest
Da waren sie im richtigen Moment topfit
Da wird der Ball schnell
Da zieht er ab mit seinem starken linken Fuß
Das haben sie im Training geübt
Das kann passieren
Der einzige echte Linksfuß in der Mannschaft
Die klare Linie fehlt

Die Partie ist aus
Die Sekunden rennen weg
Die Spitzen bleiben heute stumpf
Ein klassischer Fehlstart
Ein Totalausfall
Eine teilweise überharte Gangart
Eine temporeiche Partie
Er gehört noch zu den Stärksten heute
Er läßt viel laufen
Fitgespritzt
Helmer auf der rechten Außenbahn
Im Sport ist nichts unmöglich
Im Vorwärtsgang
In den Schlußminuten werfen sie alles nach vorn
Jetzt das Tempo rausnehmen und den Ball halten
Jetzt müssen sie erstmal versuchen, zu ihrem Spiel zu finden
Jetzt sogar eine leichte Andeutung einer ganz ganz leichten La Ola-Welle
Jetzt springt ihm der Ball vom Fuß
Nach Anlaufschwierigkeiten kam die Mittelfeldachse immer mehr in Schwung
Pannen-Oli
Reck mit erheblichen Problemen
Saft- und kraftlos
Seine Nebenleute heute Totalausfälle
Sie schießen aus allen Lagen
Sie schlagen eine härtere Gangart an
Sie sind spielerisch klar überlegen
Sie sind stehend k.o.
So, Spiel läuft, meine Damen und Herren
Soweit wir sehen können, hat es keine Auswechslung gegeben
Was fehlt, ist eine zündende Idee
Wie aufgedreht
Wie im Training

10. Ackerbau und Viehzucht

Aber jetzt stehen sie vielbeinig da hinten, die Iren, wollen sich die Butter natürlich nicht mehr vom Brot nehmen lassen

Am Boden stärker als der Leverkusener

Auf den langen Pfosten geschlagen

Bei ihnen hängen die Trauben ja traditionell hoch

Da ist der Wurm drin

Der alte Rammbock, er ist ja noch ein Frischling im internationalen Geschäft

Der hat die Lust des Zerstörens so weit hochstilisiert, daß es eine Augenweide ist, ihm dabei zuzusehen

Der Rasen ist in einem Topzustand

Die Abwehr heute wenig sattelfest

Die Abwehr ist ein Hühnerhaufen

Die Männer von der grünen Insel

Die Schwalbe kommt spät

Ein Gurkenspiel. Diese Gurke muß ich mit Ihnen teilen, zu Hause

Ein rüdes Foul

Er pflückt den Ball aus der Luft

Es ist schon über so viele Dinge Gras gewachsen, daß man bald keiner Wiese mehr trauen kann

Gehöftliga

Geplänkel im Mittelfeld

Ja, die Löwen sind nicht zimperlich

Optisch feldüberlegen, die Borussen

Schickt den Mann in die argentinischen Pampas zurück!

Sein Temperament muß er jetzt dringend zügeln nach dieser gelben Karte

Sie haben ihr System umgestellt

Sie versuchen es mit Weitschüssen, ein gutes Rezept auf diesem glitschigen Boden

Unschönes Gestochere im Mittelfeld

Wenn auf dem Rasen nichts los ist, besorgen das eben die Zuschauer

Ziege ausgetanzt

11. Umzug, Reisen, Verkehr

Aber die Uerdinger geben sich noch nicht auf
Da geht's ein bißchen fahrig zu in der Hintermannschaft
Da ist niemand mitgelaufen
Da muß er hingehen!
Da wartet er zu lang
Das ist eine gefährliche Entfernung
Der Ball war längst weg
Die Sache ist gelaufen
Ein mustergültiger Paß
Ein Paß aus dem Lehrbuch
Ein Paß ins Niemandsland
Ein Wanderer zwischen zwei Welten
Er besteigt ja jeden Gipfel, aber diese Erstbesteigung war zuviel für den Schiedsrichter
Er hat bisher keinen Passierschein für Steffen Freund
Er hat Schwächen im Herauslaufen
Er hegt ja bekanntlich Abwanderungsgedanken
Er ist sehr viel unterwegs
Er müßte weiter weggehen
Hängt heute sehr weit zurück
Hier wird mit internationaler Härte zu Werke gegangen
Ja, da muß er sich sputen
Ja, wo soll er hin?
Jetzt müßte er doch einfach mal gehen
Kein Durchkommen
Nach vorne geht nichts
Ooooh, ein Leichtsinnspaß!
Riskantes Paßspiel in unbedrängter Situation
Schade, war keiner
Schöner Doppelpaß!
Sie haben ihre ganze internationale Erfahrung ausgespielt

Sie kommen kaum über die Mittellinie
Sie können die Koffer schon mal vorpacken und sich nach einem günstigen Flug erkundigen
Sie müssen den bitteren Weg in die Zweitklassigkeit antreten
Sie werden die Heimreise antreten müssen
Und sofort sind die Zuschauer wieder da
Von den Beinen geholt
Wir sind gleich wieder da
Zu nah vors Tor gezogen
Zu spät kam dieser Paß, da stand er klar im Abseits
Zur Zeit ist er meilenweit von seiner Bestform entfernt

12. Raum

Abseitsposition von Thom
Alles geht durch die Mitte
Auch viel zu viel Raum für ihn
Da sind sie zu früh aufgerückt
Das gibt natürlich Raum zum Kontern
Das hätte er sehen müssen, er stand unmittelbar daneben
Das Mittelfeld rückt nicht richtig nach
Der Ball fällt auf das Dach des Tores
Dicht hinter der Mittellinie
Er gibt ihm keinen Millimeter Raum
Er ist völlig frei
Er macht nach hinten zu wenig
Er sorgt hinten für viel Unruhe
Es fehlt das Tor
Es ist Tag der offenen Tür in der Hintermannschaft
Gerade noch dazwischen
In der Mitte wartet Baggio

Jetzt ist Feuer unterm Dach
Noch ist keine Linie im Spiel
Normalerweise ist das seine Distanz
Schlechtes Stellungsspiel
Schuster orientiert sich zu stark nach hinten
Sie machen die Räume sehr früh eng
Sie müßten mehr Linie ins Spiel bringen
Tor!
Wenn hier etwas möglich ist, dann über außen

Zu weit vorgelegt
Zunächst einmal geben wir runter an den Spielfeldrand

13. Mensch und Körper

Da möchte man gar nicht mehr hinschauen, liebe Zuschauer
Da paßte kein Daumennagel mehr zwischen
Da, wo's am meisten wehtut
Der Ball bedankt sich und fliegt fast von allein auf den richtigen Kopf
Der ist zu lang
Die Hand ging nicht zum Ball
Ein gefährlicher Bursche
Er hatte die Hand noch weggezogen
Er ist die Lunge der Mannschaft, der Energieleister
Er macht ein gutes Spiel, ist unheimlich beweglich
Er pfeift sehr kleinlich
Gut gesehen, Herr Schiedsrichter
Gutes Auge
Korrekt gesehen
Labbadia mit seinem berühmten Bruno-Hinterteil
Mit gestrecktem Bein
Sie lassen sich sehr weit nach hinten fallen
Sie reißen sich noch einmal zusammen
Sie stehen massiert in der Deckung
Von dem haben wir noch nicht viel gesehen
Vorsicht, der ist links stark

14. Fehler und Laster

Ball verstolpert
Basler schreitet persönlich zur Fahne
Da fehlte nicht viel
Der Schuß deutlich zu hoch angesetzt

Dieser Torwart ist ein absolutes Sicherheitsrisiko
Er hätte seinen Nebenmann bedienen müssen
Er kriegt ihn nicht mehr auf die Stirn
Erste leichte Unsicherheiten bei Illgner
Möller vertändelt den Ball
Schuster mit Ballverlust

15. Schicksal, Himmel, Luft und Weltall

Ball abgefälscht, unerreichbar für Köpcke
Bochum gewinnt auch in dieser Höhe verdient mit 3:0
Da hat er keine Chance mehr, an den Ball zu kommen
Da hat er seine Chance gehabt
Da steigt er hoch, es gibt keinen Zweiten auf der Welt
Das Flügelspiel wird vernachlässigt
Das kann passieren
Den muß er!
Der Ausgleich liegt in der Luft
Der Ball wurde gefährlich abgefälscht
Der Druck wird stärker
Der Junge packt's einfach nicht!
Der Sturm hängt in der Luft
Die Luft ist raus
Die Spitzen hängen in der Luft
Die Verletzung ist wohl doch nicht so schlimm, wie es zunächst aussah
Ein ewiges Talent
Er fällt wie eine Feder im Frühlingswind
Er ist auf dem Sprung in die Nationalmannschaft
Er ist immer auf Ballhöhe
Er nimmt ihn voll aus der Luft
Es genügt ein laues Frühlingslüftchen, da fällt er hin

Es lag förmlich in der Luft

Hoffentlich hat er sich da nichts Schlimmeres zugezogen

Jetzt können wir durchatmen, das ist die Vorentscheidung

Keine Chance, den Ball zu spielen

Machen wir uns nichts vor, es wird schwer

Manchmal fallen einem die schönsten Bilder vom Himmel – mitten in den Schoß

Muß er alleine machen, ist keiner mitgelaufen

Nun machense mal zu Hause 'n Fenster auf

Nur eine Handbreit vorbei

Nützt nichts, Spiel läuft weiter

Sie haben ganz klar die Lufthoheit

Sie kriegen die zweite Luft

Sie waren über weite Strecken optisch überlegen, aber ihnen fehlte einfach das Quentchen Glück

So ist Fußball: Die eine Mannschaft drängt, die andere macht die Tore

Spatzen, Drosseln und andere Vögel flogen schon mal durch den Strafraum. Heute war es Riedle

Völlig unbedrängt

Wenn eine Mauer sich hebt, wird es es oben eng, aber unten ist Platz

16. Sozialkunde

20 Minuten bleiben ihnen noch, um wenigstens zum Ausgleich zu kommen

Als einzige Spitze ist er völlig überfordert

Aufgestützt hat sich da Michael Schulz

Berti Vogts sucht oft das Gespräch mit ihm

Da hat Völler auch ein bißchen mitgeholfen

Das Spiel beruhigen jetzt

Die Abstimmung mit seinen Linienrichtern stimmt nicht

Sozialkunde

Die Unterstützung aus dem Mittelfeld fehlt
Er muß jetzt aufpassen
Er müßte sich endlich einmal freispielen von diesem Druck
Er vernachlässigt seine Defensivaufgaben
Jetzt muß die Mannschaft zeigen, was sie für einen Charakter hat
Man hat den Eindruck, die Spieler sind etwas übermotiviert
Nicht unbedingt die allererste Adresse des Fußballs
Normalerweise ein Linker
Sie demonstrieren Spielkultur
Sie ersticken die gegnerischen Bemühungen um Spielaufbau oft schon im Keim

17. Unfall, Krankheit, Tod

Bisher geriet Madrid nie so richtig in Gefahr
Da kommt er ihm zu Hilfe
Da muß er Kopf und Kragen riskieren
Dafür möchte ich meine Hand nicht ins Feuer legen, daß das kein Abseits war
Das ist der Schlußpfiff
Das ist natürlich ein schwerer Schock
Das Olympiastadion gleicht einem Tollhaus
Das tut weh
Den sehen wir bei dieser Weltmeisterschaft nicht mehr wieder
Der Ball senkt sich gefährlich in den Strafraum
Der Thomas brennt, der will heute zeigen, was Sache ist
Die reguläre Spielzeit ist abgelaufen
Ein glänzender Abgang
Ein Paß in den toten Raum
Eine lebensgefährliche Situation
Gladbach findet kein Mittel

Hochkonjunktur für die Fernsehärzte
Ich sehe Männer mit einer Trage auf den Platz eilen
Jetzt nochmal den letzten Willen mobilisieren
Kohler rettet in höchster Not
Man merkt, der Gegentreffer hat wehgetan
Sie sind mit einem blauen Auge davongekommen
Sie spielen die gegnerische Mannschaft schwindelig
Was haben wir nicht schon alles erlebt

18. Kunst, Musik und Wissenschaft

Auch der Künstler leicht resignativ jetzt
Auch sie haben sich dem weltweit allgemeinen Stil der Deutschen angepaßt
Baggio, der Mozart des Fußballs, nicht nur was die Haartracht betrifft, sondern auch das Freistoßgenie
Da haben sie ihre Spezialisten
Da kann jeder alles spielen
Da wird sich der Trainer was einfallen lassen müssen
Das hat Fußballgeschichte geschrieben
Das ist klassisches Pressing
Das ist natürlich ein Paukenschlag
Das war für die Galerie
Das war sie, die Chance zum Ausgleich
Dem Mittelfeld fehlt der Spielgestalter
Der Trainer wird denen in der Kabine was zu erzählen haben
Direktabnahme
Ein Konter wie aus dem Lehrbuch
Ein Schuß wie ein Strich
Ein ungemein variabler Spielaufbau
Eine Bilderbuchflanke, die er nur noch einzunicken brauchte
Er beherrscht zwei Stilarten, zunächst kleine und dann Riesenschritte

Kunst, Musik und Wissenschaft

Er hat das Toreschießen nicht erfunden
Er legt auf, und Schuster vollendet dann
Er legt kurz auf
Er soll jetzt die offensiven Akzente setzen
Er spielt seine ganze Routine aus
Er zirkelt den Ball
Es fehlt der Ideengeber
Freiburg pointiert
Ich laß Sie jetzt mal mit den Bildern allein
Idee nicht schlecht, in der Ausführung, da hapert's dann
Ja gut, wir wollten heute keinen Schönheitspreis gewinnen

Ja sicher ist hier Härte drin, ist hier Musik drin!

Jetzt wollte er's besonders schön machen

Kurzer Tupfer von links mit dem rechten Außenrist

Lassen Sie sich von der Einblendung nicht täuschen

Mit seinen Glanzparaden verhinderte er einen frühen Rückstand

Nach außen hängend

Perfekte Strafraumbeherrschung

Samba gegen Lambada

Sie müssen das Spiel auf die Flügel verlagern

Sie sind in allen Belangen klar überlegen

Sollte das Bild zu Hause noch ein paar Trübungen haben, meine Damen und Herren: Das sind die Nachwehen der bengalischen Feuer

Trallala und Hopsassa wollen sie spielen

Von ihm ist bislang wenig zu sehen

Wenn er den trifft, macht er sich unsterblich

Wir hoffen, daß es ergebnismäßig in diesem Stile so weitergeht

19. Genetik

Da faßt er sich ein Herz und zieht aus der zweiten Reihe ab

Da holt er ihn von den Beinen

Da macht er sich ganz lang, streckt alles von sich

Da muß er doch sein Bein langmachen!

Da wird er lang und länger

Das Mittelfeld ist das Herz der Mannschaft

Das muß er doch sehen!

Der Ball klebt ihm am Fuß

Der linke Fuß ist nicht sein stärkster

Die typische Schwäche dieser Mannschaft

Die Zuschauer stehen wie ein zwölfter Mann hinter ihrer Mannschaft

Ein Ergebnis, das den Spielverlauf auf den Kopf stellt

Ein Heißsporn
Eine faustdicke Überraschung gleich zu Anfang
Einst das größte Talent im spanischen Fußball, doch dann ist er stehengeblieben
Er hat halt keinen linken Fuß
Er hinkt formmäßig noch weit zurück
Er ist kein Linksfuß
Er ist nicht vom Ball zu trennen
Er läßt das Bein stehen
Er müßte einmal sein Herz in die Hand nehmen
Er spielt hängende Spitze
Er stelzt über den Platz wie ein Storch in der Sommerfrische
Hier hätte man durchaus mal einen langen Fuß machen müssen
Hinten werden sie dann auffällig
Hohes Bein
Möller nicht wiederzuerkennen
Sauber vom Ball getrennt
Sie finden einfach kein Mittel gegen diese gut gestaffelte Abwehr
Sie können sich erlauben, mit angezogener Handbremse zu spielen
Sie spielen zu durchsichtig
Vollborn hatte die Hand noch dran

20. Philosophie

Abseitsposition klar erkannt
Alles wieder offen
Da hätte er besser einen Moment länger gewartet
Da sehen wir es nochmal
Damit läßt sich's leben
Das kann sich rächen
Der Ball wird immer länger
Die Mauer formiert sich
Die Welt ist platt

Effenberg ist aus der Mannschaft gar nicht mehr wegzudenken
Ein Tor wäre jetzt für das Selbstvertrauen ungemein wichtig
Eine absolute Weltklasseleistung
Emerson geht lange Wege
Er hat die Hoffnungen, die in ihn gesetzt wurden, nicht erfüllt
Er hat eigentlich keinen Grund, nachspielen zu lassen
Es mangelt am Spiel ohne Ball
Es wird weiträumiger kombiniert
Im Fußball soll nicht selten Unerwartetes geschehen
Jetzt nur kein Gegentor
Jetzt spielen sie alles oder nichts
Kalle, was meinst du?
Man hat den Eindruck, beide Mannschaften sind mit dem Ergebnis zufrieden
Mit dem Ergebnis können wir leben
Nicht interessant, aber spannend
Noch ist das Spiel nicht gewonnen
Normal ist er drin
Nur der Sieger kommt weiter
Sie feiern das Unentschieden wie einen Sieg
Sie tun sich schwer, ein richtiges Konzept zu finden
So darf's weitergehen
So eine Chance kriegt er kein zweites Mal
So geht das
So was rächt sich im Fußball
Tja, was mag er wohl denken?
Turbulenzen im Dortmunder Grenzbereich
Und - - ! -
Vielleicht die letzte Chance
Was kann Ottmar Hitzfeld jetzt noch tun, liebe Fußballfreunde?
Was wäre gewesen wenn, das nützt jetzt alles nichts mehr
Wenn er richtig da ist, dann ist er einer
Wer könnte das sein? In Normalform sicher Matthäus

21. Elektronik und Strom

Ab und zu blitzt seine alte Torgefährlichkeit noch auf
Ansatzlos aus der Drehung
Auch die italienische Hintermannschaft ist sehr fein abgestimmt
Bei Dynamo hat es geklappert
Bei Eckbällen und hohen Flanken, da stimmt die Abstimmung nicht ganz
Das ist alles viel zu sehr kleinklein
Das Zeichen, sich warm zu machen
Die Italiener stören ungeheuer früh
Die Mannschaft spielt wie ausgewechselt
Entweder schiebt er sie oder tupft er sie
Er hat seine Mannschaft optimal eingestellt
Er hatte leichte Adduktorenprobleme
Es macht sich bezahlt, daß er ihn als Sicherheitsschalter hinten noch mit eingebaut hat
Es muß nicht technische Finesse auf Finesse folgen, dafür Tor auf Tor
Ihm droht die Auswechslung
In den letzten Wochen mit Licht und Schatten
Jetzt spielen sie ihre technische Überlegenheit voll aus
Schaltstation und Bindeglied zwischen Mittelfeld und Angriff
Sehr gut feinabgestimmt die einzelnen Mannschaftsteile aufeinander
Seine Technik brachte die gegnerische Mannschaft häufig in Verlegenheit
Sie kommen wie ausgewechselt aus der Kabine
Sie müßten schneller von Abwehr auf Angriff umschalten
Super-Mario
Technisch gesehen sicher die bessere Mannschaft
Uns kann's recht sein, die Spannung bleibt erhalten
Viel Licht und Schatten in der heutigen Begegnung

22. Gefühle, Seelenzustände, Wollen, Absicht

Aber das ist jetzt alles vergessen
Alle schlafen
Da gehen sie ran wie Blücher
Da hat er sich gut gelöst
Das haben sie sich anders vorgestellt
Der Ball kam ins Trudeln
Die Hoffnungen vom Titel sind ausgeträumt
Die Mannschaft ist gegenüber dem letzten Spiel nicht wiederzuerkennen
Die Mannschaften scheinen mit dem Ergebnis zufrieden zu sein
Ein Flatterball
Ein Schlag in die empfindlichste Stelle
Er konnte den Ball nicht mehr drücken
Er wird ganz eng genommen
Gegen eine bislang maßlos enttäuschende Frankfurter Mannschaft
Ja, in die Zange genommen
Jetzt ist wieder alles offen
Jetzt mit deutlich mehr Selbstvertrauen
Jetzt wird es merklich ruhiger hier im weiten Rund
Juve geschockt, keine Frage
Kein Mensch von Traurigkeit
Kurzfristige Verwirrung in der Hintermannschaft, und die nutzte Cardoso
Mit viel Gefühl, mit zuviel Gefühl
Mutterseelenallein und unbedrängt
Schwere Momente natürlich für den Trainer
Sie haben wohl aufgesteckt
Sie sind ausgesprochen offensiv eingestellt
Sie sind zu ballverliebt
Sie verstehen sich blind
So ein frühes Tor gibt natürlich unheimlich viel Selbstvertrauen
So, Spiel läuft, jetzt wird's ernst

Gefühle, Seelenzustände, Wollen, Absicht

NEU

SZENEN, DIE WIR NICHT SEHEN WOLLEN

1000 Farbabbildungen!

KLARTEXT

Tore sind die Seele des Spiels
Was er endlich bräuchte, wäre ein Tor
Wie sagt man so schön: Wer sich selbst leid tut, der gewinnt nicht den Europapokal

23. Rechtsprechung

2:0, zumindest eine Vorentscheidung
Auf den Trick fällt der Schiedsrichter nicht herein
Das gibt Einwurf
Das wird sofort bestraft
Der Erfolg gibt ihnen recht
Der Pokal hat seine eigenen Gesetze
Eine ganz klare Konzessionsentscheidung
Eine klare Fehlentscheidung
Falscher Einwurf!
Falsch gesehen!
Für diesen Fehler gibt es keine Entschuldigung
Für mich eine harte Entscheidung
Gut erkannt vom Unparteiischen
Hier ist noch gar nichts entschieden
Jetzt soll es Ricken richten
Klare Fehlentscheidung
Leichte Unsicherheit beim Torhüter
Sie wissen, was sie ihrem Anhang schuldig sind
Über die Spielleitung können sich beide Parteien nicht beklagen
Über rechts läuft gar nichts
Vorher abgepfiffen
Wer so viele Chancen ausläßt, muß sich hinterher nicht wundern
Zorc muß aufpassen, er ist schon verwarnt

24. Zeit

Bis gleich
Da hatte er alle Zeit der Welt
Das macht eine Nettospielzeit von immerhin 60 Minuten
Das Tor kommt zu spät
Das wär's gewesen
Den Schuß hat er erst sehr spät gesehen

Die Partie läuft seit ein paar Sekunden
Die Zeit rennt ihnen davon
Eine Halbzeit lang nicht agiert, sondern reagiert
Er geht zu spät zum Ball
Es ist vorbei
Es laufen offiziell die letzten fünf Minuten
Geklärt im allerletzten Moment
Ja gut, man muß jetzt einfach mal sehen, was die erste Halbzeit bringt
Ja war's das schon?
Man hat zu keinem Zeitpunkt das Gefühl, daß die Abwehr einmal in Verlegenheit geraten könnte
Noch 10 Minuten bleiben der Mannschaft, um aus dem Rückstand wenigstens noch ein Unentschieden zu machen
Sie erzielen den Ausgleich in buchstäblich letzter Sekunde
Sie haben nicht mal die Zeit, den Ball richtig anzunehmen
Sie könnten noch tagelang weiterspielen und würden das Tor doch nicht treffen
Sie sind einen Tick schneller am Ball
Sie stören jetzt früher
So viel Zeit muß sein
Topspiel des Tages
Wenn er trifft, ist's ein Jahrhunderttor
Wir müssen abwarten, was die zweite Halbzeit noch bringt
Wir sind schon drei Minuten über die Zeit
Wir sind schon vier Minuten über die Spielzeit

25. Religion und Diözese

Alles kommt durch die Mitte
Da müssen sie höllisch aufpassen
Da muß schon ein kleines Fußballwunder geschehen
Der Schiedsrichter sieht alles
Der steht immer wieder auf

Die Angst geht um im deutschen Spiel
Die Spieler suchen Matthäus
Er ist der moralische Rückhalt der Mannschaft
Jetzt kann nur noch ein Fußballwunder helfen
Jetzt zelebrieren sie ihr Spiel
Mein Gott, was für ein Auftakt!
Mit dieser Leistung hat er sich für höhere Aufgaben empfohlen
Mit ihnen hat's der Fußballgott gut gemeint
Sie schöpfen wieder Hoffnung
Sie warten weiter auf den ersten Heimsieg
So kennen wir ihn: Bruder Leichtfuß
Wie verwandelt

26. Ordnung und Hygiene

Ajax kommt
Das ist heute die Nagelprobe für den Weltmeister Brehme
Den muß er doch reinmachen!
Der Sieg geht auch in dieser Höhe vollauf in Ordnung
Die Gefahr ist noch nicht bereinigt
Die Männer um Rai
Ein lupenreiner Hattrick
Ein Wischi-Waschi-System
Eine Glanzparade
Eine kalte Dusche, dieses frühe Tor
Er macht das Ding rein
Es sieht nicht gut aus für die Eintracht
Glänzend gehalten
Jetzt ist die Situation bereinigt
Jetzt macht er seinen Patzer von vorhin wieder wett
Nach hinten absaugen und nach vorne Impulse bringen
Perfekt angenommen und dann ganz trocken abgezogen
Sauber vom Ball getrennt
Sauberes Tackling

Schön geklärt
Und zur Ecke geklärt

27. Erd- und Heimatkunde

Da geht's vielleicht ganz schön heiß her
Da ist doch keiner
Dann war es erst einmal wieder vorbei mit der Stuttgarter Fußballherrlichkeit
Die Eidgenossen
Die Mannen von der iberischen Halbinsel
Die Norweger sind etwas offener
Kleiner Schönheitsfehler aus Dortmunder Sicht
Kreisklassenniveau
Lombardo, Mister Überall
Mit diesem Ergebnis wird man wohl kaum Chancen haben in Italien gegen die kompakte und spielstarke Mannschaft
Sie haben den Ernst der Lage erkannt
So, liebe Zuschauer, die Spieler sind schon wieder auf dem Rasen
Steht wie ein Fels dort hinten

28. Nautik

Aber der Mann aus dem stillen Ozean ganz schön aufgebracht
Das Spiel plätschert dahin
Der Kapitän war das mit der 4 gerade
Die Abwehr schwimmt gewaltig
Ein echter Brecher
Eine Zeitlang abgetaucht, aber in den letzten Spielen wieder mit großem Einsatz
Er bleibt heute weit unter seinen Möglichkeiten
Er läßt den Ball abtropfen
Er müßte einmal den Mut haben zu einem Paß in die Tiefe

Nautik

Ich sage es ungern: ein überflüssiges Foul
Klinsmann war es, der da plötzlich vor Torwart Vollborn auftauchte
Mit viel Übersicht
Neu in der Mannschaft
Sie hängen tief im Abstiegsstrudel
Sie stehen massiv unter Druck
Unhaltbar versenkt

In der Ausbildung II

29. Ruhestörung

Da kracht's im Gebälk
Der Kopfball klatschte ans Lattenkreuz
Sie stören jetzt früher
Wütende Angriffe der Turiner jetzt

30. Arbeit, Freizeit, Ausbildung, Familie

Allmählich nehmen sie das Heft in die Hand
Als Manndecker heute weitgehend arbeitslos
Auch er wurde ja erst wieder hergestellt
Da fliegt der Ball wie an der Schnur gezogen
Das alles blieb aber Stückwerk
Das Glück der Tüchtigen, warum nicht?
Das machen sie eigentlich ganz geschickt
Das war eher 'ne Spaßflanke
Das wirkt alles sehr bemüht
Die Bergleute im Revier trugen früher Arschleder bei solchen Rutschpartien
Die Mauer formiert sich
Ein Arbeitssieg
Ein eklatanter Schnitzer
Ein geschickter Schachzug von Winnie Schäfer
Eine tolle Einzelleistung, mit der er alles klarmachte
Einer, der arbeiten kann
Er rochiert von links nach rechts
Freunde, schreibt die Lehrbücher neu!
Fußballerisch noch ganz Handwerk, aber was die Haare betrifft, schon ganz Künstler
Große Unsicherheiten in der Defensivarbeit
Hat seine Aufgabe gegen Labbadia bisher ganz hervorragend gelöst

Heute die Arbeitsbiene im Mittelfeld
Heute nicht ganz so effektiv
Illgner konnte über Arbeitslosigkeit nicht klagen
Jetzt gelingt ihnen natürlich alles
Jetzt müßte irgend jemand das Heft in die Hand nehmen
Kick and rush
Man darf gespannt sein, ob sie das Ding noch einmal umbiegen
Mein Freund, die Säge
Mit dem Spielaufbau hapert es
Mit Routine und Cleverness die Partie nach Hause geschaukelt
Sie arbeiten sehr viel mit Stretching
Sie hatten die Meisterschaft schon vor Augen
Sie sind heute kein echter Prüfstein
Sie spielen wie aus einem Guß
Sieht ganz so aus, als könne er nicht mehr weitermachen
Technisch sind sie allesamt beschlagen
Und das alles nur, weil vorne Roberto Baggio spazierengeht
Viel Betrieb, wenig los
Viele hilflose Einzelaktionen
Wenig Prüfungen für Illgner
Wück und das Jokerglück
Zum erstenmal geprüft

31. Eisenbahn

Da hätte er freie Bahn gehabt
Da muß er pfeifen
Der Ball hatte noch zu viel Fahrt
El Tren, der Zug
Er hat heute den Vorzug erhalten
Er ist sinnvollerweise Kontrolleur für Stelleneinsparung bei einer großen Firma
Ganz klar von hinten geschoben
Ich weiß nicht, was er da kontrolliert hat: Liegt das Ventil auch oben?
Im Spiel der Russen ist heute ein ganz anderer Zug

In der Ausbildung III

32. Bierdeckel

Da hebt er sich so hoch, daß gerade ein Bierdeckel darunterpaßt

Das war ein kleiner Balljunge, der natürlich auch ab und zu seinen Senf dazugibt

Der Paß paßte auf einen Bierdeckel

Er spielt ihn auf dem Bierdeckel aus

Wenn man ihm nur einen Zentimeter Platz gibt, dann kann es passieren, daß er ihn nutzt

33. Gerechtigkeit

Böses Foul

Damit ist der Gleichstand wieder hergestellt

Das muß er pfeifen

Der Kleinste war wieder einmal der Größte

Der Schiedsrichter läßt weiterlaufen

Dieses Spiel hätte eigentlich zwei Sieger verdient

Ein gerechtes Unentschieden

Fallrückzieher am Mann, da hätte er gefährliches Spiel geben müssen

Freistoß muß wiederholt werden

Im Fußball gibt es keine Gerechtigkeit

Klarer Fall, Freistoß

Mit beiden Beinen geht er da rein, da bleibt dem Schiri gar nichts anderes übrig

Unfaire Attacke

Wird man fairerweise sagen müssen

34. Vermischtes

Aber ein aufmerksamer Libero bisher

Aber man sieht, durchaus ist mal Toleranz angesagt

Absolut kein Durchkommen
Abstoß
Achten Sie auf den Moment der Ballabgabe
Alle Angriffsbemühungen vergebens
Ärgern, schämen, fluchen
Bebeto kurz, Romario lang
Befreiungsschläge, Verzweiflungsbälle
Bei beiden Mannschaften kaum etwas zu sehen
Bei diesem Spiel lohnt es sich, auf die Kleinigkeiten zu achten
Bei Standardsituationen kommen die kopfballstarken Abwehrspieler nach vorne
Beide wissen, wo die Glocken hängen
Beileibe kein Spitzenspiel, was wir hier sehen
Bestimmt nicht mit Ruhm bekleckert
Bis jetzt macht er da hinten seine Sache gut
Bis zuletzt war nicht klar, kann er spielen oder nicht
Bisher klarer Punktsieger
Bisher ohne große Fehler gepfiffen, alle Achtung
Bruno nazionale
Buchwald ist der auffälligste Mann auf dem Platz
Da geht's fahrig zu in der Hintermannschaft
Da gibt es die nächste gelbe Karte: gegen Labbadia wegen Meckerns
Da gibt's auch noch 'ne Ansage an den Portugiesen
Da haben sie Glück gehabt
Da haben wir ihn nochmal im Bild
Da haben wir Stepi
Da hat er Glück, daß er kein Gelb sieht
Da hat er sich geschickt gelöst
Das Blatt hat sich gewendet
Das deutsche Spiel ist sehr klar strukturiert

Das Eckballkonto muß man sich nochmal auf der Zunge zergehen lassen

Das Fehlen von Sammer macht sich an allen Ecken und Enden bemerkbar

Das Ganze ungeschnitten

Das gibt den Schönheitspreis, bringt aber nichts

Das ist die richtige Antwort

Das ist ein kleiner psychologischer Vorteil

Das ist eine bittere Pille für die Duisburger

Das ist mehr als eine Auslegungsfrage

Die Balljungen verzögern das Spiel

Die Wiese müßte eigentlich schaukeln

Ein Gegentor wäre das Schlimmste jetzt

Ein geiles Ding!

Ein hart geführtes Spiel

Ein humorloser Schuß

Ein idealer Ergänzungsspieler, einer, der die Löcher dichtmacht, einer, der arbeitet

Ein ödes Ballgeschiebe

Ein raffiniert angeschnittener Ball, mit viel Effet, sehr schön hier in der Zeitlupe zu sehen

Ein Schlitzohr allererster Kategorie

Ein schöner Flankenwechsel

Ein Schuft, wer Böses dabei denkt

Eine vielbeinige Abwehr

Einen Tick zu spät

Eines müssen wir natürlich bedenken, meine Damen und Herren

Er macht sich fertig, er macht sich warm

Euro-Eddi diese Saison eher Eddi provinziale

Fast alles kommt über rechts

Vermischtes

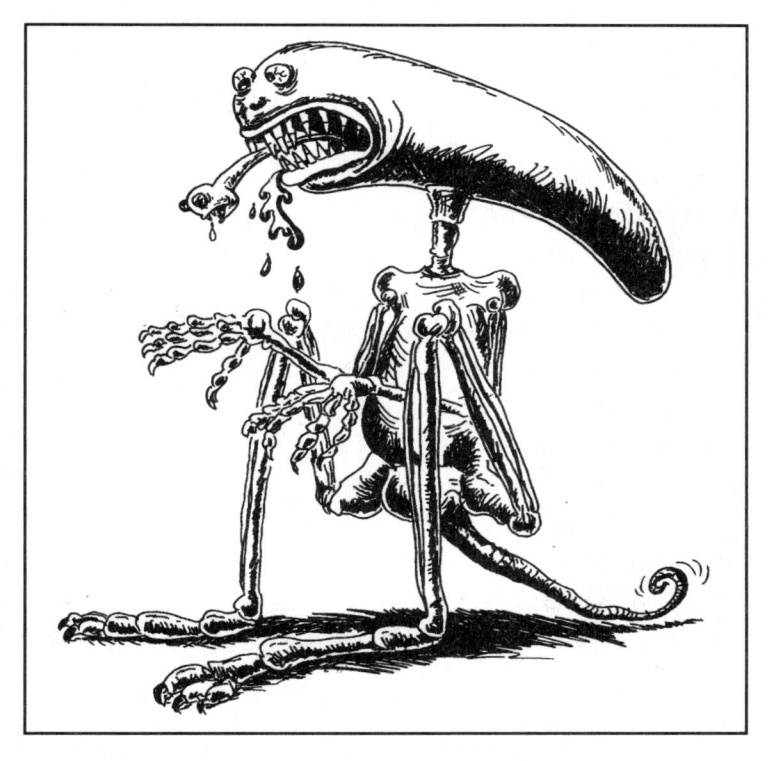

Ein Flankengott sieht anders aus

Fast mit aufreizender Lässigkeit lassen sie jetzt den Ball laufen
Fast seitenverkehrt besetzt im Moment, das Mittelfeld von Juventus
Fink gefällt mir gut
Foulspiel nicht gesehen, hat Vorteil laufen lassen, der Schiedsrichter
Foulstatistik Lazio Rom: ein bißchen härter
Für ihn kommt Mulder

Für jeden Fehlpaß muß man jetzt Verständnis haben, fast hundertzehn Minuten

Glücklicherweise für die Dortmunder, daß er dabeisein kann heute

Glücklicherweise noch den richtigen Reflex ausgepackt

Gott sei Dank hat er sich die Nägel nicht geschnitten

Gottlob hat der Schiedsrichter diese Superzeitlupe nicht

Ha! Ha! Hamse gesehen, der Uwe Kamps küßt ihn!

Haben sie Glück gehabt

Haber, immer wieder Haber

Halb sank er hin, halb fiel er hin

Hier nur zu erahnen in dieser Einstellung

Hier sehen Sie ihn oben am Bildrand

Hoffentlich wird er nicht zum tragischen Held heute abend

Hohes Bein, hätte man Indirekten geben können

Holt sich die Bälle hinten und vorne

Immer wieder durch die Mitte

In der Schlußphase der Begegnung jetzt noch einmal Leben: Da geht's doch jetzt ziemlich hin und her

In diesem Augenblick pfeift der Schiedsrichter ab

In diesem Moment ist das Halbfinale perfekt

In dieser Einstellung noch einmal schön zu sehen

Insgesamt haben die Mittelfeldspieler mehr Anteile gehabt

Ja gut, man weiß ja von Haus aus, daß diese zwei Stürmer sehr gefährlich sind

Jetzt hilft nur noch ruhig Blut

Keine Luft zum Atmen

Kirsten völlig abgemeldet bei Babbel

Klar, jetzt wollen die Kölner hinten natürlich nichts mehr anbrennen lassen

Kleine Nickligkeiten sind hier allemal im Spiel

Knapp war's

Kohler spielt einen reinen Ausputzer

Kohler zuletzt mit dem Fuß am Ball, hätte Eckball geben müssen

Köln beginnt mit viel Selbstvertrauen

Machense mal 'ne Operngala, wenn Ihnen die drei Startenöre fehlen, das geht ja gar nicht!

Macht es alleine, da wäre ein Abspiel besser gewesen

Man darf gespannt sein, ob sie das Ding nochmal umdrehen

Man kennt die Brasilianer als sehr kopfballstark und sehr ästhetisch dabei

Man müßte langsam anfangen zu bilanzieren

Man sagt ihnen nach, auswärts nur halb so stark wie zu Hause

Manche sagen, er sei ein ewiges Talent

Mein Gott, was ein Bumms!

Mir scheint, die Engländer haben nicht das richtige Rezept gegen die kopfballstarken Iren

Mittlerweile, ich sag' mal ehrlich, hätte ich ihnen dieses Törchen ob ihrer vorbildlichen Haltung gegönnt

Möller hat Platz

Na schauen Sie mal, Lombardo schon wieder beispielhaft am eigenen Strafraum

Nach anfänglicher Nervosität finden beide Mannschaften nun doch zu ihrem Spiel

Nach Chancen steht es fast unentschieden

Nach den TopNews geht's weiter mit Höhepunkten und Analysen

Nach der Chancenverteilung 12:3

Nach dieser harten Flanke nickt er den Ball zu früh nach unten

Neuaufbau durch Sammer

Noch steht er, und dann fällt er

Obwohl es jetzt selbst der letzte Ersatzspieler kapiert haben müßte

Oha, da war er nie und nimmer im Abseits

Ohne Ansatz

Parma hat die besseren Einzelspieler und tritt als Mannschaft geschlossener auf
Plötzlich die Riesenchance zum Ausgleich
Rainer Bonhof wird heute 43, herzlichen Glückwunsch
Rechts war viel Platz
Reitmeyer hatte gut aufgepaßt
Reuter sieht das Loch
Riedle ist heiß, zumindest hat man das Gefühl
Riedle versucht sich aus der Umklammerung zu lösen
Riesenchance nach dieser verzockten Abseitsfalle
Schäfer auf der linken Außenbahn
Scharf hereingezogene Flanke von rechts
Schön jetzt das Spiel auseinandergezogen
Sehr lahmes Spiel der Gladbacher über die Flügel
Sehr schmeichelhaft
Sehr schön gespielt, mit viel Übersicht
Sekt oder Selters, heißt es für beide
Sie haben gezeigt, was sie draufhaben
Sie haben sich noch nicht aufgegeben, warum auch
Sie haben umgestellt
Sie haben's halt gern körperlos
Sie können das Ruder noch herumreißen
Sie setzen sich im Mittelfeld fest
Sie sind in der Luft unbezwingbar
Sie sind sicherlich nicht zu unterschätzen
Sie sind spielüberlegen
Sie sind Trainingsweltmeister
Sie spielen knallhartes Forechecking
Sie spielen konsequentes Pressing
Sie spielen weiter wilde Sau

Vermischtes

> Statt der angekündigten WM-Übertragung des Endspiels Deutschland gegen Brasilien bringen wir eine Sendung über schleimige, amorphe Lebewesen, die in Höhlen leben. Naja, ziemlich eklig, das ganze...

Sie verstehen sich blind
Sie verzetteln sich in Einzelaktionen
Sie waren die bessere Mannschaft, keine Frage
Sie warten auf eine Gelegenheit zum Kontern
Sie werden in die Statistik gesehen haben
Sie wollen den Ball ins Tor tragen

So schnell kann es gehen

Sofort werden die Zuschauer wach

Solange es 1:0 steht, ist die Heuer nicht eingefahren, das ist klar

Solche Schnitzer!

Soweit wir sehen können, hat es keine Auswechslung gegeben

Spätestens jetzt zählen die Bremer zu den Topfavoriten

Spielentscheidend wird sein, wer das Mittelfeld kontrolliert

Spieler dieser Klasse sind einfach nicht von heute auf morgen zu ersetzen

Stark verbessert in der Laufarbeit

Still ist es geworden im Stadion

Tadellose Leistung

Taktisch ist es hervorragend, wie es vorgetragen wird

Thom in der Mitte

Toller Schuß und gute Parade

Unauffällig, aber sehr effektives Spiel in der Defensive

Und alle Spielerfrauen waren begeistert

Und da kriegt er das Ding nicht richtig auf den Schlappen

Und damit ist wieder ein bißchen Hoffnung da im ungarischen Team

Und dann so ein Abschluß

Und das gibt Eckball

Und die Schalker wollen!

Und ich sag' jetzt mal, haben die Schalker auch verdient

Und über die italienischen Unparteiischen dürfen wir uns auch nicht beschweren. Sie haben dankenswerterweise ein Handspiel übersehen

Und Walter Zenga hält als Held

Und wehe, wenn der Ball aufs Tor gegangen wäre

Vergessen wir mal kurz das Ergebnis

Viele der Bulgaren haben internationale Auslandserfahrung

Vieles, was Ihnen bruchstückhaft und stotternd vorkommen mag, ist auf die Bodenverhältnisse zurückzuführen

Vielleicht die Quittung für eine verfehlte Personalpolitik

Vielleicht doch noch der Anschlußtreffer

Vielleicht riskiert er's direkt

Vollborn ist mit seinen Vorderleuten unzufrieden, aber die Italiener versieben das meiste selbst

Vor allem dank einer Glanzvorstellung von Schupp

Vorteil, richtig gesehen

Wagner-Pizza, die steinofigste überhaupt

Walter Zenga ist ja so ein Wetter gewohnt, ist ein Motorradfan

War nicht im Abseits!

Was für eine Kapitänsbinde! So was tragen nur Könige auf dem Spielfeld

Was macht Lupescu denn da?

Was mag jetzt wohl in den jungen Spielern vor sich gehen?

Was soll er in den letzten zwei Minuten noch bewenden

Weg war frei, die anderen hatten den Raum

Wenn er so weitermacht, wird der gelbe Karton ganz schön abgewetzt sein bis zum Ende des Spiels

Wenn sie erfahren, wie es in Dortmund steht, dann müssen sie einen mächtigen Zahn zulegen

Werden wir vielleicht bei Gelegenheit nochmal sehen

Wie einfach spielen sie!

Wie gesagt, ein 1:0, das geht dann schnell in die Binsen

Wieder so'n Ding, und wieder war die Fußspitze von Klinkert ganz in der Nähe

Wir sehen, wie das Pressing gespielt wird

Wir sind gespannt, ob Bayer Leverkusen hier die Medaille noch einmal drehen kann

Wir werden die elektronische Tapete nochmal von rückwärts ablaufen lassen
Wird sofort mit gellenden Pfiffen quittiert
Wuchtig zieht er den Ball
Zehn Buden hat er schon vorbereitet
Zwei Spielzüge, das gesamte Feld überbrückt
Zweiter Eckstoß für die Gäste

Register

0 – 3

0:0 17, 23, 24, 27, 30, 33, 38
1:0 23, 38, 41, 84, 85
2:0 38, 68
3:0 57

A

Abend 28
abfälschen 32, 36, 57
abgemeldet 43, 80
abgezockt 40
abkochen 43
abpfeifen 20, 26, 32, 68, 80
absaugen 70
Abschluß 24, 29, 40, 41, 84
Abseits 29, 30, 54, 59, 81, 85
Abseitsfalle 82
abspielen 17, 27, 43
Abstimmung 58
Abtasten 50
Abwehr 17, 22, 25, 33, 40, 43, 48, 52, 65, 69, 71
Adduktoren 20, 24, 32, 65
Akzente 32, 45, 48, 61
alles 14, 16, 20, 26, 27, 28, 34, 40, 51, 60, 62, 64, 65, 66, 73, 74, 78
anbrennen 16, 28, 41, 80
angeschnitten 42, 78
angreifen 48
Angriff 19, 20, 48, 49, 65
Anpfiff 23
Anschlußtreffer 19
Attacke 27, 76
aufbauen 14
aufrücken 49, 54
aufstützen 58
Auftakt 24, 34, 45, 70
Auge 16, 18, 30, 60
aus 20, 21, 32, 33, 34, 36, 38, 40, 41, 42, 43, 44, 45, 46, 51, 52, 57, 59, 60, 62, 64, 65, 69, 70, 71, 74, 82
Ausgleich 18, 35, 57, 58, 69
aussuchen 17
auswärts 81
auswechseln 14, 65
Auswechslung 51, 65, 84
Außenrist 62

B

Ball 14, 16, 19, 22, 23, 24, 25, 28, 29, 32, 34, 40, 41, 42, 43, 50, 51, 52, 53, 54, 56, 57, 58, 59, 62, 63, 66, 69, 70, 71, 73, 74, 81, 83, 84
Ballabgabe 29, 32
Ballhöhe 20, 57
Ballkontakt 49, 50
Ballverlust 43, 50, 57
Bank 40
Begegnung 21, 32, 65
Bein 17, 25, 28, 54, 56, 62, 63, 76, 80
Berti 23, 58
Bierdeckel 76
Bild 17, 20, 28, 58, 61, 62, 77
Bindung 35, 50
blaß 20, 24
blind 66, 83
Bratwurst 43
Brecher 16, 35, 71

C

Chance 24, 32, 34, 35, 38, 39, 57, 58, 60, 64, 68, 71, 81, 82
Chinese 39

D

da 16, 17, 27, 29, 36, 38, 39, 40, 41, 42, 43, 44, 45, 46, 48, 49, 50, 52, 53, 54, 56, 57, 58, 59, 60, 61, 62, 63, 64, 65, 66, 68, 69, 71, 72, 73, 74, 76, 77, 80, 81, 84
Damen 29, 51, 62, 78
Daumennagel 56
Deckung 21, 24, 34, 44, 56
Defensive 84
demonstrieren 59
Ding 30, 44, 50, 70, 74, 81, 84
direkt 16, 17, 19, 26, 29, 60, 85
Distanz 24, 55
Doppelpaß 53
dranbleiben 16
drin 14, 19, 20, 30, 34, 41, 42, 52, 62, 64
Druck 19, 29, 30, 57, 59, 72
Dusche 26, 70

E

Eckball 39, 78, 81, 84
Ecke 17, 20, 21, 22, 23, 26, 38, 71, 78
Eckstoß 86
Effet 19, 78
Einsatz 44, 71
Einstellung 80
Einwurf 17, 68
Einzelaktionen 14, 40, 74, 83
eklatant 22, 73
Elfmeter 19, 27
Entfernung 14, 18, 53
Entscheidung 24, 27, 33, 36, 44, 58, 68
entschieden 18, 28, 68
Ergebnis 14, 39, 62, 64, 66, 71, 85

F

Fahne 42, 56
Fallrückzieher 76
Fehlentscheidung 68
Fehlpaß 45, 80
Figur 26
Flanke 22, 29, 42, 46, 49, 60, 65, 73, 78, 81, 82
Flügelspiel 57
Form 54, 63, 64
Foul 23, 44, 52, 72, 76, 79
freisperren 43
freispielen 59
Freistoß 22, 38, 60, 76
früh 34, 36, 48, 50, 54, 55, 62, 65, 66, 69, 70, 73, 81
führen 38
Führung 35
Funkhaus 46
Fuß 19, 25, 41, 50, 51, 62, 63, 70, 81, 85
Fußball 18, 23, 27, 34, 39, 41, 43, 44, 46, 58, 59, 60, 63, 64, 76

G

Galerie 26, 60
Gäste 21, 43, 86
Gefahr 21, 38, 59, 70
gefährlich 21, 23, 24, 25, 28, 35, 36, 43, 44, 49, 53, 56, 57, 59, 65, 76, 80

Gegentor 64, 78
Gegentreffer 40, 60
geil 78
Gelb 18, 28, 36, 46, 77
gelbe Karte 18, 52, 77
gelber Karton 85
Gelbrot 30
geschickt 18, 34, 44, 46, 73, 77
gleich 26, 28, 42, 43, 54, 63
Glück 20, 24, 30, 58, 73, 77, 80
Gurkenspiel 52
guttun 18, 24

H

Halbzeit 20, 21, 24, 34, 36, 43, 69
Hälfte 14, 27, 29, 32, 34, 39
halten 16, 17, 34, 51, 70, 72
Hand 18, 20, 26, 56, 59, 63, 73, 74
hängen 21, 52, 53, 57, 62, 63, 72, 77
Harnsäurewerte 44
Hattrick 70
hautnah 26
Heft 26, 73, 74
heiß 14, 42, 43, 71, 82
Hemd 48
Henschel 50
herauslaufen 35, 53
hereinziehen 33, 82
Herr 29, 51, 56, 62, 78
hinten 20, 23, 25, 29, 34, 52, 54, 55, 56, 63, 65, 70, 71, 74, 77, 80
Hintermannschaft 21, 38, 53, 54, 65, 66
Höhe 20, 57, 70
Hose 48
Hühnerhaufen 52
hundertprozentig 24, 38

I

international 41, 52, 53, 85

J

Jahrhunderttor 69
Joker 74

K

Kabine 21, 42, 43, 60, 65
Kalle 64
Karte 16, 18, 52, 77
keiner 16, 27, 48, 49, 52, 53, 58, 71
klar 19, 24, 26, 28, 30, 35, 40, 43, 48, 50, 51, 54, 58, 62, 63, 68, 74, 76, 77, 80, 84
klären 33, 69, 71
klasse 30
kleinklein 41, 65
kombinieren 64
kommen 14, 17, 18, 19, 21, 22, 24, 25, 27, 29, 30, 34, 36, 39, 40, 42, 44, 45, 46, 48, 49, 52, 54, 57, 58, 59, 64, 65, 68, 69, 70, 77, 78, 79
Konter 16, 21, 23, 30, 34, 54, 60, 83
Konzept 24, 64
Konzessionsentscheidung 33, 68
Kopfball 36, 73
Krombacher 43
Kulisse 45

L

La Ola 51
Laktatwerte 40

lang 17, 19, 21, 27, 32, 36, 43, 44, 49, 52, 53, 56, 62, 63, 64, 69, 77
länger 62, 63
Latte 73
Laufpensum 24, 48
Lebkuchen 43
Leder 21, 73
Lehrbuch 53, 60
Libero 23, 76
Licht 65
liebe Fußballfreunde 64
Linie 22, 24, 25, 26, 50, 55
Linienrichter 42, 58
links 14, 28, 30, 44, 56, 62, 73
lösen 17, 34, 66, 73, 77, 82
Luft 21, 52, 58, 80, 82
Lufthoheit 58

M

Mann 14, 19, 20, 23, 27, 39, 40, 43, 44, 45, 48, 52, 62, 71, 76, 77
markieren 14, 26
Mauer 43, 58, 63, 73
Minuten 21, 22, 30, 33, 38, 45, 51, 58, 68, 69, 80, 85
Mißverständnis 23, 50
mitlaufen 53, 58
Mitte 34, 39, 54, 80, 84
Mittelfeld 18, 27, 33, 35, 40, 43, 46, 50, 52, 54, 59, 60, 62, 65, 69, 74, 79, 82, 84
Mittelkreis 49
Möglichkeit 25, 35, 71
moralisch 70
Morgenluft 21
mustergültig 42, 53
muß 17, 18, 19, 21, 24, 26, 29, 30, 36, 40, 42, 48, 52, 53, 57, 58, 59, 62, 65, 68, 69, 70, 74, 76, 78, 80
mutterseelenallein 50, 66

N

nachrücken 54
nachspielen 45, 64
Nebenmann 30, 57
Netz 19, 49
nichts 16, 21, 23, 27, 28, 35, 38, 39, 40, 41, 48, 50, 51, 52, 53, 58, 64, 68, 76, 78, 80
Niederlage 22, 32, 68
niemand 17, 27, 42, 49, 53

O

Offensive 21
offiziell 69

P

Pannen-Oli 51
Partie 24, 32, 51, 69, 74
passieren 16, 17, 29, 50, 57, 76
Paß 19, 20, 26, 53, 54, 59, 71, 76
Pause 43, 45
Pausenführung 35
Pausentee 42
pfeifen 28, 29, 74, 76, 77
pflücken 52
Pfosten 26, 52
Pilsener 43
Platz 26, 27, 30, 33, 36, 44, 58, 60, 63, 76, 77, 81, 82
Pokal 14, 30, 41, 67, 68
Pressing 60, 82, 85
Prestigeduell 48

R

Rasen 28, 52, 71
Raum 19, 29, 54, 59, 85
Raumgewinn 17, 41, 45
rechts 30, 44, 68, 73, 78, 82
Regisseur 45
regulär 28, 32, 59
reinmachen 21, 70
Rot 46
Routine 61, 74

S

Sack 34
Saison 21, 41, 42, 78
sauber 63, 70
Schatten 65
schieben 65
Schiedsrichter 17, 20, 28, 33, 35, 36, 46, 53, 56, 68, 69, 76, 79, 80
schießen 16, 26, 32, 48, 49, 51
Schluß 18, 42
Schnabelschuhe 48
Schuß 23, 48, 49, 56, 60, 68, 78, 84
Schwalbe 33, 52
Seitenwechsel 40
Sekunden 18, 28, 34, 38, 44, 51, 69
Selbstvertrauen 17, 33, 64, 66, 81
servieren 28, 41, 42
sicher 24, 25, 33, 38, 42, 62, 64, 65
Sieg 20, 21, 28, 33, 64, 70
Spann 28, 42
spät 34, 48, 49, 52, 54, 68, 69, 78
Spiel 14, 17, 18, 19, 20, 23, 24, 25, 26, 27, 28, 29, 30, 33, 35, 36, 38, 40, 43, 45, 50, 51, 55, 56, 58, 62, 64, 66, 70, 71, 74, 76, 77, 78, 80, 81, 82, 84, 85
Spielanteile 14, 33, 40
Spielaufbau 59, 60, 74
spielen 16, 24, 26, 27, 28, 30, 33, 34, 38, 39, 41, 43, 44, 45, 48, 58, 60, 61, 63, 64, 65, 74, 76, 77, 81, 82, 85
Spielerfrauen 49, 84
Spielfeldrand 56
Spielgeschehen 33
Spielkultur 59
Spielpraxis 21
Spitzen 21, 24, 48, 51, 57
Stadion 36, 39, 41, 84
Standardsituation 49, 50, 77
Standfußball 27
Stellungsspiel 45, 55
Stiefel 46
stören 33, 34, 40, 65, 69, 73
sträflich 25, 44
Strafraum 16, 27, 43, 44, 58, 59, 81
Sturm 30, 57
Stutzen 48
Szene 34, 35, 43, 44, 45, 46, 50

T

Tackling 70
Talent 57, 63, 81
technisch 28, 65, 74
Tempo 22, 31, 40, 51
Tempogegenstoß 48
temporeich 51
Tick 69, 78
Tiefe 20, 71
Tor 16, 19, 22, 23, 24, 26, 27, 35,

36, 38, 39, 41, 42, 54, 58, 64, 65, 66, 67, 68, 69, 70, 83, 84
Torab 27
Torabstoß 27
Torhüter 19, 20, 68
torlos 27, 38
Torso 21
Torwart 14, 39, 41, 57, 72
Trainer 20, 28, 29, 35, 40, 42, 43, 60, 66
Training 24, 50, 51, 82
Traumpaß 42
treffen 69
tupfen 65

U

üben 50
überlegen 34, 50, 51, 58, 62
Überlegenheit 16, 34, 41, 65
umbiegen 74
umdrehen 81, 85
unbedrängt 36, 53, 58, 66
unhaltbar 35, 72
Unparteiischer 32, 68, 84
Unsicherheit 22, 35, 57, 68, 73
unterlegen 50
unverdient 41

V

verdient 14, 20, 35, 45, 57, 76, 84
verlagern 62
Verletzung 24, 45, 57
versieben 85
vertändeln 57

verwandeln 70
verwarnen 44
vielleicht 35, 64, 71, 85
voll in Ordnung 17
von Haus aus 80
Vorentscheidung 58, 68
vorne 16, 20, 23, 24, 26, 34, 35, 38, 46, 49, 53, 70, 74, 77, 80
vorsichtig 49, 50

W

Wagner-Pizza 85
warm 14, 19, 21, 65, 78
Wechsel 41
wechseln 40
wehtun 23, 30, 59, 60
weitergehen 28, 43, 53, 62, 64, 81
wichsen 49
Winkel 20

Z

Zahn zulegen 85
Zeit 16, 48, 54, 68, 69
Zentimeter 16, 27, 76
zurechtlegen 25
zurück 17, 21, 22, 32, 36, 46, 52, 53, 63
Zuschauer 22, 34, 40, 43, 45, 52, 54, 62, 71, 84
Zweikampf 33, 36, 50
zweite Luft 58
zwingend 18, 27, 32

Frau haltsamer Ball
Berggrätsche von hinten!
Er töfft mr den Ankopforten

Danksagung

Wir danken:
Reinhold Beckmann, Hans-Joachim Böttcher, Jörg Dahlmann, Gerhard Delling, Heribert Faßbender, Karlheinz Feldkamp, Carsten Fuss, Werner Hansch, Ernst Huberty, Johannes B. Kerner, Fritz Klein, Günther Koch, Norbert König, Rolf Kramer, Dieter Kürten, Wolfgang Ley, Rudi Michels, Winfried Mohren, Günter-Peter Ploog, Wolf-Dieter Poschmann, Hans-Joachim Rauschenbach, Marcel Reif, Béla Réthy, Gerd Rubenbauer, Karl-Heinz Rummenigge, Rolf Töpperwien, Fritz von Thurn und Taxis, Thomas Wark, Jörg Wontorra, Herbert Zimmermann u.v.a.m. Ohne sie wäre dieses Buch niemals zustandegekommen.

Dieter Erb

So werde ich Helmut Kohl

Grund- und Aufbauwortschatz Bundestag
ca. 96 S., broschiert,
ca. 16,80 DM / 125 öS / 16,60 sFr,
ISBN 3-88474-393-7

erscheint: April 1996

Der Traumjob für viele Bürger ist der des Politikers. Das Lehrbuch bietet die Chance dazu! Dieter Erb, als Autor und Lektor in Frankfurt tätig, hat die Praxis der Bundestagsreden untersucht und unterscheidet wie im klassischen Schulbuch für den Fremdsprachenunterricht den Grund- vom Aufbauwortschatz Bundestag.

Der Grundwortschatz umfaßt etwa 400 Wendungen. Mit seiner Hilfe kann man eine normale Bundestagsrede zu etwa 85 Prozent erfassen. Der Aufbauwortschatz umfaßt weitere 600 Idioms. Wer Grund- und Aufbauwortschatz aktiv beherrscht, ist in der Lage, 95 bis 97 Prozent der Reden im Bundestag zu halten.

Das Lehrbuch schließt somit eine gravierende Lücke im Feld der beruflichen Weiterbildung und bietet zugleich einen Einblick in die sprachliche Meisterschaft und die kulturelle Leistungskraft der Bundestagsreden.

Klartext Verlagsgesellschaft mbH
Dickmannstraße 2-4 – 45143 Essen
Tel. 0201 / 86206-31/32 Fax 86206-22

Klartext

GOLDMANN TASCHENBÜCHER

Das Goldmann Gesamtverzeichnis erhalten Sie im Buchhandel oder direkt beim Verlag.

Literatur · Unterhaltung · Thriller · Frauen heute
Lesetip · FrauenLeben · Filmbücher · Horror
Pop-Biographien · Lesebücher · Krimi · True Life
Piccolo Young Collection · Schicksale · Fantasy
Science-Fiction · Abenteuer · Spielebücher
Bestseller in Großschrift · Cartoon · Werkausgaben
Klassiker mit Erläuterungen

✳ ✳ ✳ ✳ ✳ ✳ ✳ ✳ ✳

Sachbücher und Ratgeber:
Gesellschaft / Politik / Zeitgeschichte
Natur, Wissenschaft und Umwelt
Kirche und Gesellschaft · Psychologie und Lebenshilfe
Recht / Beruf / Geld · Hobby / Freizeit
Gesundheit / Schönheit / Ernährung
Brigitte bei Goldmann · Sexualität und Partnerschaft
Ganzheitlich Heilen · Spiritualität · Esoterik

✳ ✳ ✳ ✳ ✳ ✳ ✳ ✳ ✳

Ein SIEDLER-BUCH bei Goldmann
Magisch Reisen
ErlebnisReisen
Handbücher und Nachschlagewerke

Goldmann Verlag · Neumarkter Str. 18 · 81664 München

Bitte senden Sie mir das neue kostenlose Gesamtverzeichnis

Name: _____

Straße: _____

PLZ / Ort: _____